ROLLING THUNDER LOGBOOK

SAM SHEPARD

北京上河卓远文化传播有限公司　出品

ROLLING THUNDER LOGBOOK
滚雷日志
鲍勃·迪伦的传奇巡演

★★★★★★★★★★★★★★★★★★★★★★★★★★★★

〔美〕山姆·夏普德 著　杨建国 译　　SAM SHEPARD　　河南大学出版社　HENAN UNIVERSITY PRESS

诗代序

分道,缘散

回首,有感

伐木小道

漫游的杰克

诗人,歌手

飘零浪荡

出现,消失

再度出现

不知所踪

未识面,未见人

已消失

是何时

六八

四四

天高,心狂

七十年代

刚过半

凯鲁亚克

墓前悲鸣

菲奥科斯

蜡人像馆

提琴女巫

II

尼克松面具

萨克斯医生

哥们儿，怎样

霍威的踢鼓

牛逼

曼斯菲尔德·斯通纳·里克斯

暴风，哭丧

T骨，风起

推倒餐桌

加利福尼亚

好脾气老艾伦

群山，放低

滚雷，放低

滚动，雨

圆球滚动

阳光下

没见过他

闪光中

没见过他

不见，再见

或许是

丰饶女神

伊希斯

也或许

地狱判官

奥西瑞斯

回首，环顾

再无关联

踪迹遗失

无需多言

可那条路，如今

伸向何方

越南、黑豹

死亡、暗杀

天气预报员

凝固汽油弹

比利·格雷厄姆

共和党垃圾

没什么两样

上帝、战争

正义、邪恶

歌声如昔

舞姿依然

生命、死亡

混乱、恐慌

鲜血染红

星条旗

十年绝唱

流浪诗人

无限光芒

钻石、黄金

成色十足

轻步滑过

橡木地板

农场女皇,摇摆

大灰狗,穿越

波诺伊山

还有缅因

班戈密林

笑容羞涩

略带古滑

双颊瘦削

藏在大吉布森

吉他背后

狂叫、怒吼、震撼

喧嚣走廊

美利坚破碎

迪伦还在

还在

上天赐福

伟大

心

——山姆·夏普德
2004.4.28

前言

没错,我昏了头。自打我双脚迈出得克萨斯沃思堡帕斯卡尔高中的大门,就开始一段波西米亚人生,浪迹天涯,放荡不羁,晚晚睡别人家的客房,混得好时也进过录音棚,混得差时就不堪回首了,在一事无成这条路上越滑越远,最后自己也习惯成自然了。这时,鲍勃·纽沃思找到了我,邀请我到格林威治村和他合奏《另一端》。打那起,我俩在舞台上结识了许多人,有鲍勃·迪伦、琼尼·米切尔、漫游的杰克、艾伦·金斯堡、理戈·斯塔尔、穆罕默德·阿里、摄影师肯·雷根,雷根的摄影助理卡罗琳·肯尼迪,还有许多其他人,这里就不一一细说了。这样说吧,那段经历令我受益匪浅,也找足了乐子,甚至超出了法律允许的极限,尺度实在太大,没法细说。眼前个个都是创作家,大客车满载着音乐家、歌手、画家,划破暗夜的寂静,一路飘散着柴油和俄罗斯烈酒混合的气味。大家写歌,唱歌,拍电影,在一般人想不到的地方,用一般人想不到的材料信笔作画。要是配料正确,就能调制出最烈,最冲,最让人血脉贲张的摇滚乐,不单空前,也可能绝后。空口无凭?滚雷巡演途中拍的电影胶片如今已经制成DVD,不妨去看看《丰饶女神》那首歌,再去听听迪伦朗诵的诗句"如果你要我,YES"。这句诗说出了我心中所想,尤其是最后那个"YES",一切尽在其中。有欢乐,有震惊,有危险,有欲望,有困惑,还有无时不在,无处不在的乱。咱们演奏的歌曲主要来自迪伦那一时期的两张专辑——《欲望》和《血染的小道》。巡演中迪伦一改往日的风格,边弹边唱,只用一支麦克风,就像强尼·卡什那样,唱到带劲的地方就双手举起吉他靠近麦克风。迪伦唱的《莎拉之歌》真是催泪弹,观众心碎了一地,只要迪伦拿起口琴,吹出几个音符,观众立马就疯了。在新英格兰几家漂亮的老剧场,迪伦背起芬达吉他唱了几首十分经典的老歌,几首一直到今天还不绝于耳的老歌,真是绝了。

还记得有一次排演,山姆书中也提到了,那一章叫《第一位超级明星》。(其实我心目中第一位超级明星是路易·阿姆斯特朗,过去这样,现在依旧。)还记得当时鲍勃坐在椅子上看《时代周刊》,封面上是一位歌星的照片,配文预言:第二位鲍勃·迪伦已经诞生。想接鲍勃班的人实在是多到数不过来,我问鲍勃有什么感觉,鲍勃回答:"一个好汉三个帮嘛。"(最后,那位歌手也没成为什么迪伦第二,而是他自己。那位歌手的名字叫布鲁斯·斯普林斯汀。)关键在于连《时代周刊》都感受到了迪伦的重要,要拿出宝贵的封面来预言谁会是迪伦第二,要知道当时《时代周刊》可是份畅销全国的杂志,而像《自我》这样的全国性杂志当时还没有创刊。有谁可以恰如其分地评价迪伦,为他戴上一顶不大也不小的桂冠?没人!迪伦是我们这个时代的荷马,下一个迪伦或许要等上一千年,也可能永远等不到了。

那时候迪伦慷慨极了,和许多人分享自己的舞台,不单有老朋友,还有新朋友,有时甚至是萍水相逢的陌生人。还记得有几次经过市镇,纽沃思看到街角有人演唱法国蓝草歌曲,便邀请人家晚上同台表演。

巡演团中有的唱歌，有的发明各种新奇玩意儿，有的隔三岔五朗诵诗歌，有的负责演出服装，有的绘画，在你绝对想象不到的地方，还有个家伙唯一的任务就是确保每一把道具伞状态良好，甚至还有些家伙到现在我还弄不明白为什么会出现在巡演团中。不管怎么说，每个人都有自己的用处。

那时候我以为山姆是写电影剧本的，后来才知道他写了本书。当时要知道他在写书，或许跟他交流就不会那么口无遮拦了。不管怎么说，还是要感谢他，把那段非凡经历记录了下来。打那以后，大家分道扬镳，各行各路。

——T骨伯奈特
加州，洛杉矶

> 我下了公路
>
> 双眼迷离
>
> 但这可真是
>
> 一趟卓绝之旅
>
> B.D.

引言

这本书很不连贯，倒不是追求什么"艺术"，或者实验某种写作方法，而是因为那段经历本身就毫无连贯可言，书只不过是记忆的直接成果。本来迪伦雇我参加滚雷巡演为计划中的电影写剧本，可那个任务很快就变得可有可无，反而发现自己得到了一个极其珍贵的机会，自己可以跻身于这群才华横溢的人之中，和他们一起旅行，一起合作，去创造五彩缤纷，应接不暇的形象和想法。大家目标相同，那时正值隆冬季节，也正是美利坚历史上最支离破碎的一段，大家在六个星期的时间里不断乘车旅行，表演音乐，拍摄影片。而这一切究竟是为了什么？今天看来已经无足轻重，重要的是这段旅行确实发生了。本书的目的并不在于把旅行中的一切按部就班，一丝不漏地记叙出来，更不是去披露明星的私人生活，而是让读者整体上感受一下那段经历。只要能达到这个目的，这本书也就有了生命。

加利福尼亚

★★★★★★★★★★★★★★★★★★★★★★★

强尼·达克开车，白色的切维诺瓦轿车（雪佛兰旗下的一个轿车品牌）驶过圣安赛尔莫的街头。圣安塞尔莫是加州一座小城，恰似一个懒散成性、被大人宠坏了的熊孩子，街道两边尽是青少年扎堆的桌球房、体育用品商店，加油站上刷着大大的"阿科"字样。车尾箱里放了不少墙纸和镀锌钢钉，行驶中总感觉有什么东西在拽车的后部。

"和六十年代相比，迪伦已经不复当年之勇了，"强尼扯开嗓门大声说道。"我觉得，迪伦已过了自己的黄金期。"我却浮想翩翩，眼前是一份租期三年的合同，一块二十英亩的养马场，还有各项前期准备工作，都必须在进驻马场前完成。手头的时间还有不到一周，迪伦仿佛是一具幽灵，飘摇在万里之外。六十年代中一帮人挤在一个上岁数妇人的卧室里，听着"感觉怎样"，摆动赤条条的身躯热舞？此时此刻，那段岁月仿佛已是遥远的过去。

"倒不是说迪伦现在就没有好歌了，不过和那时候比就差多了。知道吗？上次居然在自动点唱机里看到了'每个人都该受石刑'，简直不敢相信自己的眼睛。就在自动点唱机里，放在大家眼前，就是克里斯托弗大道上的那家餐厅。真不敢相信，居然可以在大庭广众之下播放那种音乐，旁边还有人若无其事地吃着起司牛

肉堡。"强尼一面不断换挡,一面对着挡风玻璃说个不停口,我只感到不可追的昨天和不可知的明天混杂到一处,把我的大脑给塞了个满满登登,架炉子、修屋顶,竖栅栏,为小马驹建围栏,还要为即将到来的雨水做好准备。

在天堂大道出口我们的车下了高速。强尼还在大谈明星的生命期,说什么"无论人还是事,都有生老病死"。车到城市近郊停了下来,到处都在动土,眼前景象犹如一片广阔的战场,交战双方呈两派对立的景观建筑师,至于此地原本的模样早已踪迹难寻。进了屋,松木桌上放了一张绿色便笺,上面一行字迹:"迪伦来过电话,迟点再打来。"我呆呆地站在原地,目光停留在那张便笺上,四周堆放着大大小小的厚纸板箱,里面装满了图书、玩具,以及大搬家时你能想到的一切。"迪伦来过电话?"这是什么意思?脑子里仿佛缺了根弦。

"刚刚还说到迪伦,"洗手间里传来了强尼的大嗓门,伴着长一阵水流飞溅之声。

"迪伦来过电话?干吗?我又不认识他!"我侧着身子向厨房挤过去,一面重复着便笺上的话。最后,我的目光停留在便笺底部的一个洛杉矶电话号码上,回了个电话,接电话的不是迪伦,然后电话那头的声音换个不停,秘书、律师、业务经理,每个人都小心翼翼,戒备十足。

"夏普德?哪个夏普德?是杀了老婆的那个吗?"

"是个鬼!我还是外星人呢!"

"你什么意思?迪伦干吗给你打电话?"

"我还想知道呢!"

"稍等片刻,看看能不能找个了解情况的。"

电话中没了声音,过了一会儿换了个声音,一个男的,没说两句又没音了,又换一个,女的;再换一个,男的。

"夏普德先生,请允许我解释一下。鲍勃计划到东北绕一圈,秘密巡演,鲍勃称之为'滚雷','滚雷'巡演。"

这家伙一口一个鲍勃,语气更有点儿那个哦,顿时惹得我火起。还什么东北部,谁有闲工夫搞清东北在哪儿。于是不假思索,满怀敌意的话脱口而出。

"要真是次秘密巡演,干吗告诉我?"

对方好像不大喜欢我的语气,电话中一片寂静。我尽量把自己的语气放柔和些,说道:"迪伦干吗找我?我桌上放了张绿便笺,上面说迪伦来过电话。"

"没错,迪伦想把巡演拍成电影,想找个人写剧本。"

啊!找个写剧本的。那就是我了,没错。"好吧,有什么料?"我用上了芝加哥记者的行话。

电话那头的家伙打起了太极,什么电影计划啊,什么大腕啊,什么现场写台词啊,说了一大通还是让人摸不着头脑。

"工作压力很大,"那家伙说道。"你过去工作压力也不小吧!"

"当然,我可不会临阵当逃兵。"

"好极了,什么时候动身?"

就这样?就因为迪伦来了个电话,我就要放下手上的一切,屁颠屁颠地赶过去?就好像大海上听到女妖歌声的水手?是不是人人都要把手头正在干的事扔到一边,向东北某个不知名的地方飞奔而去?我几乎冲着话筒喊起来:"真是太不凑巧了,我正在搬家,新家是牧马场。"电话那头一阵寂静,什么声音也没有,那家伙听到"牧马场"三个字,肯定当场晕倒了。"喂,还在听吗?"

电话那头声音再度响起:"你什么时候可以动身?明天行吗?"

我已感到了压力,可这会儿我的包里连牙膏牙刷都没装。仅仅半小时前,一切还那样惬意,我过着属于自己的生活,可这会儿仿佛平地刮起一阵狂风,一直刮到五脏六腑里。

"听着,我需要考虑考虑,"我一边说,只感到肚子里一阵难受,就好像电影《教父》中那个黑帮打手路卡·布拉西正在外面敲门,向我来追债。"还有,我不乘飞机,只乘火车。自从上次乘飞机去了墨西哥,就再也没乘过那玩意了,那还是1963年的事了。"

电话那头的家伙提高了嗓门,恼怒地向听筒吐着气,仿佛正在同他通话的是个外星怪物。"天哪！那得要一个星期才能到这儿，大伙儿本周就要离开纽约了。你得快，马上动身！"

我的左手一直紧握着话筒，感觉都要抽筋了。"好吧，好吧，明天一到就通知你。"我放下话筒，只感到喘不过气。

昔日的圣达菲已一去不复返了。铁路大竞争的年代被美国政府连皮带骨吞下肚去，然后生出一个叫"美国铁路公司"的怪胎。车还是过去的车，可换了涂装，标志也变了，车厢上再也看不到健美的印第安酋长，头上插的羽毛如燃烧的烈焰，鹰喙般的鼻子指向铁轨伸展的方向。现在的标志是红蓝相间的箭头，给人的感觉很生硬，色彩一点也不和谐。车就是车，不就是交通运输吗？跟地铁也没什么两样。政府不是已经把你的肉体从一个地方运到另一个地方了吗？还有什么可抱怨？说一千道一万，那大平原不也就是两条海岸之间的一大片空地吗？穿过去就是了，谁会在乎什么行者情怀？等上了车，旧日的感受就又回来了，车是有四十年车龄的老车，一样摇来晃去，上下颠振，得迅速掌握住身体平衡，要不就撞到别人的午餐上去了。跌跌撞撞地走过狭窄的过道，找到自己的卧铺间，一头栽倒在铺上。真要想听车轮和铁轨的撞击声，最佳地点是洗手间，尤其是摁下马桶冲水键的一瞬间，马桶底一块尿渍斑斑的铝板会打开，露出下面飞速后退的道心。

居然真的上了车！铁马飞驰，一路向东。萨克拉门托，夏延，芝加哥。一度以为自己只有在火车上才能写出东西，作为临时居所，火车真是绝了。这就叫出发，上路，见识大千世界之无奇不有。

在芝加哥换了车，再度上路。车上的铺位和车厢平行，搞得我一夜无眠。黑色车窗，行李员清一色黑人，脸上带着纽约人常有的那种什么都不在乎的神情。整趟列车给人的感觉就两个字——纽约，仿佛造访曼哈顿之前先给你来点儿测试，看你能不能忍下来。我把自己锁在车厢里，整天躺着不起来，只是到了饭点儿才去一会儿。坐在餐车里，对面是个巴尔的摩来的黑小子，头戴宽边软帽，一双大眼睛看上去神经兮兮，手指细长。看来这小子是老乘客了，开口说道："我打算去日本把我那口子给接来，在日本结的婚，接来后带她乘一次火车，就当礼物。就乘这趟车。"小伙子从怀中甩出一张快立得照片，照片上是他那口子，放在银餐盒上，咧嘴冲我笑个不停，接着就讲起叫鸡的故事，各式各样大都市中叫鸡的故事，也难怪，除了叫鸡，这种小伙子还能说点什么？"认识这小娘们吗？伙计？能把你给活吞了！对老天起誓，真能把你给撕成一片片的。这小娘们吃官司了，走背运，让一个富二代给搞大了肚子，生了个孩子。那小子想闪，可小娘们一路追过去，把他给挖了出来，逼那小子结了婚。婚后小娘们回了巴尔的摩，那男的住在南部什么地方，手头有笔钱，给了小娘们一点，让她养孩子，小娘们靠这点钞票也过了一阵子。可后来她想到，要是那小子消失了，钱就全归自己了。知道怎么样了？小娘们找了几个昔日旧友，去南方把那小子给做掉了，就为了他手头那点钱。千真万确，伙计，就算为一个铜板儿巴尔的摩的小娘们也会宰了你，真能做得出。我说的小娘们岁数不大，也就十六

芝加哥换车

上下吧。"我没接话茬,把嘴里的话就着脆皮牛肉煲一起咽进肚子。对面的小伙子把脸扭向车窗,望着窗外的俄亥俄,一片寒冷的田野,无边无垠,田里的玉米已经收割了,玉米秸秆上聚起一层冰霜。小伙子冲着车窗摇摇头,说:"伙计,我可不想困在那片田野里。"我回了自己的铺间,站在车厢中间,身子随着车厢一起摇来晃去。

中央车站

★★★★★★★★★★★★★★★★★★★★★★

  车穿过一条长长的隧道,终于停在纽约中央车站的月台。隧道犹如矿井,感觉沾满油污,隧道里的道路工人人头上顶着一盏灯,简直和宾夕法尼亚矿井里的矿工一模一样。我坐在自己的铺位上,目视窗外,车一停稳,人们已聚集在过道上,不断传来行李和车体的撞击声。真不敢相信,自己又回到了这个地方,和北加利福尼亚的山间马场相较,这里简直是另一个天地。自己像僵尸一样出卧铺间,上过道,下陡峭的车梯,脚踏上坚实混凝土地面,四周青烟缭绕,火车机车散发出的青烟。人们走向四面八方,会有人来迎我吗?自我介绍一番,再领我出站,上车?还真有!这一刻开始,"滚雷"的节奏轰然响起,犹如跑道上准备起飞的喷气飞机。就从我双脚踏上月台那一刻起。

打鱼为业，在阿拉斯加开了间鲑鱼罐头加工厂，不在摇滚界晃悠时就回阿拉斯加。也来自明尼苏达，和迪伦打小就是好朋友，这次迪伦请他负责整个滚雷巡演的运行。坎普有项本事，嘴不动就能说出声来，简直把广播剧演员爱德华·伯根都给比下去了。卢是我见到的第一个"大腕"，我在宾馆房间见到他，房里拉着棕色窗罩，正午的阳光从窗罩边缝处溜进来。卢刚睡醒，床头的电话已响了六次，他才扬起手，僵硬地摸索着电话听筒。卢的床边堆着一堆衣物，有羔羊皮外套，皮包，T恤衫，各式各样没洗的脏衣服，全搅成了一团，还有一只冰桶，卢用下巴夹住听筒，腾出手去拉裤子拉链。昨晚，在格尔蒂民谣城那种游子回家的氛围中，卢买了辆1934年产的派卡德双门跑车，这会正在安排剩下的手续。"不，"卢说道，"我说了要留着新泽西的车牌，没错，别拆新泽西车牌。我可不想再办份儿驾照。对，对，别担心停车罚单，警察查不到。不，不，车放车库里，没打算把车开出来兜风。听我说，办好保险，然后就把车锁进车库。明白了嘛？好的。"卢挂上电话，喘着粗气，估计还没从昨晚缓过来。"老山，昨晚你真该来，拍了点东西，真不错，贝蒂·米德勒简直棒极了。你觉得米德勒的歌怎么样？"

"没听过。"

"棒极了，正考虑邀请她加入巡演，你觉得呢？"

"不知道。"

"知道你该干点什么吗？你该进城，看看我们拍的片子，就看一看，然后咱俩再谈一谈。跟鲍勃见过了吗？"

"还没有。"

"会见面的，这会儿鲍勃有点忙，不过他会亲自跟你谈电影的事，已经有了些点子。"

瑞文

瑞文进屋时，坎普正扯着T恤往身上套。瑞文这小伙子个头不高，皮肤黝黑，长相有点印第安人的样子，脖子短粗，胳膊上隆起着大块肌肉。瑞文一进门眼睛向下趸摸一圈，什么都看在眼里。他一手提着公文箱，另一只手拿着一叠文件，原来刚才跟坎普在电话里谈买车的就是他，肯定住在这家宾馆的另一间房。一进宾馆，人人都成了电话狂，这下我算是见识到了。就算跟你谈话谈到一半，突然就会伸手去抓电话，也不知拨给谁，谁都有可能，最绝的是跟你的谈话还不会断。要不就是车过收费站时突然停下，只见一个人冲下车，伸手去抓收费亭里的电话，仿佛他老妈刚刚过世似的。

　　瑞文把所有购车文件铺在床上，显然他干这种事已显轻车驾熟，所有的细节已烂熟于胸，根本用不着啰嗦一通。瑞文只管从坎普那里接受指令，然后就挂挡上路。不一会儿，文件秋风扫落叶般又回归公文包，瑞文也一阵风似的冲出门去。卢开始梳头。

纽约市中心

到了市中心，夜幕已降临，我们走过一扇扇玻璃门，看到的警卫都没个警卫的样子，更像是大学橄榄球联谊会会员，上了一部货梯，电梯里的按钮不下一百个。电梯把我们带到地下室，走道两边的墙上铺着软质隔音材料，走到头是一扇大铁门，铁门上有个黑铁盒，盒子里装着电子对话器。要是有机会去弗吉尼亚州，去哪位参议员家看看，在车道的尽头，也会见到相同的大铁门，相同的对话器。铁门另一边警卫不少，查验身份证，通行条，盘问来客是谁。不远处，某个隐秘的所在，传来若有若无的音乐声。警卫放行，我们穿过铁门，身后传咔嗒一声，铁门再度关上。这地下洞穴跟白宫地下室比也不落下风，门上正反两面都铺满了隔音材料，门一开传来浓烈的熏香味，只见艾伦·金斯堡正在一本大大的蓝皮记事本上写画着什么，那姿势简直像是大魔法师梅林。四下坐着不少人，人人手中一杯咖啡，看有些人的样子，好像随时都会被人请走。桌上一只大碗，碗里装着些水果，一整支乐队正在台上排演。一眼望过去，台上这支乐队真有乐队的样子，好像乐队中随便哪个都可以以自己为核心组建起一支乐队，可这里大家聚到一起。我席地而坐，抬头仰观乐队排演，心中一个念头，"这就对了。"可究竟什么对了？自己也说不出个所以然。鲍比·纽沃斯的歌声一下把我带回到60年代，刹那间一件往事闪过心头，那次在堪萨斯城，鲍比把一整杯热咖啡泼到一个黑帮小混混的大腿上。（那个小混混如果是乔伊·加洛，那可就真叫因果循环，报应不爽了，可惜不是。）金斯堡已记不起我了，试着帮他找回记忆这叫人有点抹不开面子。昔日我曾协助罗伯特·弗兰克拍了一部电影，电影名叫《哥哥和我》，艾伦曾帮我们搜集一些相关资料，关于彼得·奥洛夫斯基的哥哥裘利亚斯·奥洛夫斯基，几位专家给裘利亚斯下的诊断是"有紧张性精神病临床症状"。裘利亚斯慢慢打开心扉，打小就在鸡窝里长大，如何迷失在新泽西，如何光着脚在韦拉扎诺跨海大桥上闲荡。几乎每种现代电疗都试过，差点把他脑袋烧焦，还有各种药物，强制精神疗法，等等。都是许久以前的事了，虽然这次滚雷巡演炒的就是回归六十年代，可这当口可一点回归的感觉都没有，只感到音乐扑面而来。眼前这支乐队堪称顶尖，乔里·贝兹在大伙面前跳着布加洛舞，看上去简直棒极了。过去，从没觉得贝兹性感，可这一刻她简直就是性感女神的化身，再也不是昔日那位清纯民谣歌手，台上腼腆地唱着苏格兰民歌，配上几个民间舞蹈动作。此时此刻，贝兹化身为一位臂摇如风中树叶的迪斯科舞后。乐队奏起一段节奏布鲁斯，颇有些讽刺意味，不断有人走进走出，伦尼·布莱克利走了进来，头戴黑贝雷帽，手里抱着一只大大的公文包，看那样子装台小钢琴进去也不在话下。有人走过来问我是不是要见迪伦，于是起身跟过去，又回到外面的房间，路过一台可乐饮料机，再走进后面一间房。迪伦正在房里，只见他平躺一张金属折叠椅上，仿佛正在练半空悬浮。旁边一张金属桌，桌腿上倚着一双破旧牛仔靴。一看到迪伦，我的第一感觉是，这人可真忧郁。从双眼到身上穿的衣服，迪伦浑身上下无处不透显出忧郁。见我进来，迪伦说的第一句话是："咱们犯不着扯关系。"我一时没听明白，不知他说的是电影，还是针对我。迪伦接着说："各部分间不需要什么关系，没关系最好。"我点头称是，故意扮酷，摆出一副一切早已了然于胸的样子，再夹生扯上几句超现实主义什么的时髦话。我注视迪伦，迪伦也注视着我，刹那间突然意识到现在这样他躺着我站着可不大公平。无论是谁，只需见过迪伦的照片，一见面就能认出他，可和迪伦本人面面相对毕竟不同。我好一会儿才甩落照片中的迪伦。去观察原原

本本的他。我眼前晃动的尽是唱片封面上的迪伦,时间不下六分钟,然后他真人才在我眼中聚焦起来。迪伦身后正抱着电话的是雅克·列维,就是和迪伦合作创造了《暴风卡特》的那位,此刻列维在电话中和律师谈得热火朝天,好像说某首歌歌词可能会被控诽谤。再过不到一周,《暴风》单曲就要发行了,这时候要惹出官司,大家难免紧张,只有迪伦例外。只见他啜了口咖啡,把头上的牛仔帽向前轻轻推了推。

"看过《天堂的少年》吗?"迪伦问道。我回答看过,许久以前。记得当时带一个姑娘一起看,那姑娘从头尖叫到尾,根本记不起当时自己是何感受。"那《射杀钢琴家》呢?"迪伦又问道。

"也看过一次,你想把电影拍成那种风格?"

"类似吧。"迪伦扭过头,轻抖着脚尖。第一次感受到迪伦身上那份沉默的力量,这是他的专长,出现空白时,他根本感受不到填补空白的必要。有时,他仿佛把话留在半空中,让那话在你的心头回响。我告诉迪伦,正打算和漫游的杰克一起拍点东西,地点就在宾馆房间浴室里。迪伦沉吟几秒,说道:

"等出了城吧,这会我就等着出城。一上路就能多拍点儿了,就等出城了。"

漫游的杰克

杰克·埃利奥特有项本领，不管是谁，一见就熟。一见到他总有一种校友重逢的感觉，接下来就是把当年没说完的话继续说下去。就我而言吧，我与杰克素未谋面，也没看过他在舞台上表演，所以他那份亲热劲儿着实让我吃惊不小。一见面咱俩就聊起了开卡车的种种见闻和传奇，仿佛又回到了北加利福尼亚蜿蜒崎岖的伐木道上，杰克在左手开车，"在加利福尼亚都那样"。之所以叫伐木道，因为路上走的都是拉木头的卡车，"伐木道就得走拉木头车，小车趁早绕行。"杰克说自己一直在存钱，将来要买辆彼得彼尔特重卡，下半辈子就在车上过了。他对卡车可以说无所不知，不禁令人肃然起敬，我脑海中一下子闪现出一个传奇形象——牛仔英雄佩科斯·比尔。话题转向各种哄小孩子的牛仔传奇，什么乘着大牛仔帽过河，什么黑白相间马面人，什么仙人掌传奇，什么草原狼之歌，等等。故事中的牛仔四海为家，神秘莫测，可谓美利坚大地上的游吟诗人。杰克又扯起夸特马，从夸特马扯到开着柴油重卡，穿越暴雪中的达科他。美国各地风景在小小的宾馆房间中轮番上映，电影组的其他人则一直忙着收设备。对杰克而言，无论何时何地都可以拉开架势，大摆龙门阵，至于身边在发生着什么，与他何干？唯有谈天说地方为正道，要是有人跟他你一言我一语，是锦上添花。在东部我

★★★★★★★★★★★★★★★★★★★★★★★★★★★

见识过不少这样的人,听他们谈天说地,夸夸其谈,只想能找个借口一走了之。不过杰克和那些人不同,他不会自顾自喋喋不休说个没完,只让你听却不让你插进嘴来。杰克就喜欢乘着想象的清风飘飘荡荡到处游玩,要是正好遇上你,把你捎上一段也不介意。大家一起向格莱墨西公园的自动扶梯走去,可我还是满脑子牛仔,想着牛仔的生存状态,想着想象和现实之间的关系,想着生活中不起眼的小事都可能决定了人生,再从佩科斯·比尔一直想到"滚雷"巡演。

纽约八号大街：都疯了

菲尔·奥克斯肯定疯了，居然想把《艰难时世》的全部情节搬到迪伦身上。迪伦站在纽约八号大街一座公寓楼的阳台上，真怕他跃出阳台，一头扎下去。房间是专给人办晚会的那种，陈设典雅，家具上坐满了人，戴维·布朗一身细条纹双排扣西服，活脱脱一个黑帮老大的样子，见人就派镇定药丸。单从体型看，也只有他是菲尔·奥克斯的对手了。迪伦不知吞了什么化学药物，过会儿药劲儿上来了，浑身上下抖个不停，仿佛和着什么只有迪伦自己才听到的节奏，目光歪歪扭扭地扫过整个房间，好像要找个开口，紧逼着迪伦是一部16毫米摄影机，一架麦克风，还有个身材矮小的姑娘，三句话不离结婚。四下里吉他声震天，仿佛迪伦根本听不到，楼下房间里正在拍另一场景，T骨伯奈特扮成名职业高尔夫球手，头上戴着球帽，肩上背着球杆。整个房间吵得简直要炸了，楼下人行道上金斯堡扯着嗓门喊，说自己已经准备好诗朗诵了，快拍。人行道到楼上房间只隔一层，可谁也没听到他说什么。房里的人越聚越多，灼热的镁光灯下拍电影那几个哥们已是汗流浃背。有个姑娘每隔一会儿就朝迪伦的方向瞅一眼，应该是谁的女朋友，她男朋友一身黑皮装，蹲在地上，仿佛一只巨大的黑蝙蝠，嘴里嚼着红番牌烟草。这伙计把烟草递给身边一位姑娘，姑娘倒也没回绝，把烟草放进嘴里，可一进嘴就又吐了出来，差点吐了人一身。那人好像叫汤姆·科林斯，不过也没介意。壁炉里的电热管也亮了，为环境增添些暖色调。楼下，T骨站在波斯地毯上，摆出一个轻轻推杆的姿势。还没离城。

戴维·曼斯菲尔德

顶尖乐队

化妆间门上挂着两个字
——关岛

T骨伯奈特，出生于得克萨斯州沃思堡，身高七英尺高，"吉他浪人，"台上常常化妆为魔法师梅林。和罗杰·麦克奎因同台演出时，每当麦克奎因唱完那首著名的《栗色母马》，他就会一只胳膊搂着麦克奎因的脖子。此君有一种神秘天赋，善于临场作画，所用的原料堪称大杂烩，包括泼出来的啤酒，辗碎的粉笔，冒泡的百事可乐，温热的尿液，新鲜水果，奶油，干杏仁，胡桃仁，未显影的拍立得胶片，甚至还有摔坏的电吉他。他能用的原料实在太多，很难一一说清楚。此君还有个怪癖，肚子说饿就饿，一饿就得吃东西，要是他肚子饿了吃的还没上来，就开始有条不紊地破坏餐厅，由手边的菜单开始，直到头顶上的吊灯。有一次，他一个人吞下了一整桌吃的。

霍威·怀恩，娴熟的鼓手，我见过的人中就数他脾气最好，头上总是戴着顶羊毛帽，仿佛扎了根，就没见过他不戴帽子。长得像只倒过来放的铙，脚上总是一双黑色网球鞋，热爱音乐，根本不在乎别人怎么看他。

戴维·曼斯菲尔德，天才小子，到了厨房里什么都能奏出音来，除了下水道。金斯堡时常说他长了一张典型的"波提切利脸"。

斯蒂维·索勒斯，拥有一辆1952年产的福特。对男人而言，可算够份儿了。

罗布·斯通纳，弹起贝斯来像开机关枪。长相有点像黑帮。斯通纳是这次巡演的"大脑"，具有把形形色色凑到一起的才能。台上为迪伦合音伴奏时完美无瑕，水乳交融。

卢瑟·里克斯，爵士灵魂，每一次上台前都需冥思一番，玩起打击乐器手法精妙，《暴风》一歌他那手康茄鼓真是让人热血沸腾。老婆漂亮。

米克·朗森，英国吉他英雄，每位母亲都会警告女儿，离这小

子远点儿。正是在朗森的鼓动下,大家热衷起"化妆",直如燎原野火燃遍整个巡演。

斯嘉丽·瑞埃拉,小提琴手,一位肤色暗深的女士,颇有神秘色彩,整个巡演过程中我和这位女士说的话就没超过三句话。倒不是我不想跟她说话,可就是无话可说。额头上画了条蛇,台上常常会抢了主唱的风头,有一种异乎寻常的旋律感,演奏时音调上下大范围抖动,却依旧保持住主旋律。

半夜,迪伦亲自驾露营车出发,听说路上遭了窃贼,车上的彩色电视被搬走了。我们摄制组租了辆铁皮箱式货车,在新英格兰高速公路上一路狂奔。这种厢式货车驾驶座凸出在车轴前面,驾驶员感觉坐在跳水板上,车速一到50英里,底盘就开始震颤。开车的是乔

红色厢式货车

治·斯蒂芬森,这小子挺有一手,把车速猛提到70英里,跳过50英里区间,按他的说法,车坏了更好,正好换辆新的。目前,车尚能经得起他猛踹油门的那只大脚。闲暇时乔治玩滑翔机,把可能遇到的危险一一列了出来。车厢里装满了摄影设备,一直堆到了顶,每个人都猫低身子,在满满登登的设备中勉强找出一块空间容身,简直就是在考验身上骨头的柔韧度。驾驶中录音机传来兰迪·纽曼的歌声,康涅狄克州已擦身而过。

摄制A租最先到达法尔茅斯(别问我A组和B组是怎样分的),迪伦紧随而至,开着车风驰电掣般拐进停车场,停好车,下车向摄制组走去,边走边喊:"找到河了吗?要多拍点河的片子。火车,找到哪儿有火车吗?"

普利茅斯是座圆形小城，像个面包圈。要是你有幸生长于这座小城，你人生的第一愿望恐怕就是逃得远远的。即便是城中的那些"历史名胜"也只配两个字——失败。什么都是仿的，仿古建筑中，上了岁数的妇女一身昔日朝圣者的行头，向游客兜售纪念品，这样穿据说是为了再现"先辈们初踏入这块大陆时的情景"。出售物品中有地图，为了便于游客去城里其他历史名胜地，一样乏味沉闷。卖东西的大妈们一个劲地抱怨："该死的帽子"，白色软边帽，可戴不紧，总会滑下来到脖子上，可大妈们又不敢甩掉"该死的帽子"，要是让督导发现那还得了？大雨下了一整天，冷透了，夜幕降临，我向市政大厅溜达过去，那是座高大的砖石建筑，通体黑色。市政厅内部有座体操馆，也在那儿举行拳击赛。原本计划以金斯堡的诗朗诵为演出结尾，可又砍掉了，金斯堡和彼得一起坐在第一排，看着台上的技术人员为音响设备做调试，无论遇到什么，金斯堡总能保持乐观，真是令我赞叹不已，金斯堡似乎已下定决心，避开重拳，一有机会就跳回来，不骂娘，不发脾气。我把市政厅内部逛了个遍，出门上了大街，想上市中心逛逛，当然要有市中心才行。主要想买双雨靴。找到家伍尔沃斯便利店，可没有雨靴，店里一个黑人正在买水管接头，看上去挺憔悴。我问道，知道城里哪儿能买到雨靴，那人说知道，可以开车捎我过去。我在收银台旁等了那人一会儿，顺便问了问收银的小姑娘，今晚去看演出吗？

"什么演出？"小姑娘反问道。

"就是城里的，有鲍勃·迪伦，琼·贝兹，还有好多大明星。"

"不去，买不到票。再说了，那些人我也不认识。"

29

普利茅斯
马萨诸塞州

我上了车，开车的黑人叫 ，

是位耶和华见证教教徒，职业水管维修工。罗伊斯和他父亲一起干了一整天的活，说自己实在累坏了，什么演出也看不了。不过他听过迪伦的歌，还有贝兹，也曾有过他俩的唱片。车行驶在夜色中，车外大雨如注，向卖雨靴的店驶去，可到了才发现店已经打烊了，于是罗伊斯又把我拉回到市政厅。快到地时，罗伊斯回忆起自己小时候，那时候他的教会常常举行聚会，就在这座市政厅。车停了下来，我俩一起向车外望去，市政厅门口已排起一行队伍，都是年轻人，紧紧挤成堆，抵御着刺骨的寒风。"那会儿咱们每周三都有聚会，"罗伊斯说道。"特棒的聚会。"我问道，你还信上帝吗？罗伊斯答信。我又问道，你觉得迪伦信上帝吗？罗伊斯答道："不好说，迪伦有些歌好像信上帝，不过我真的说不上他是不是个有信仰的人。"

我穿过积水的草坪，又穿过成群年轻人，走上台阶，就在手摸到大门把手的一瞬间，两个家伙把我拦了下来。两人都长得像肉球一样，身穿橙黄色T恤，胸口上印了几个黑色的大字。"掏证件，伙计，"其中一个粗着嗓门说道。我从口袋里摸出通行证件，递了过去，另一个家伙搜起了我的身，边搜边问："带相机了吗？带录音机了吗？类似的东西，有没有？"

"没有，连电视都没带。你二位到底干吗的？"

"公司请我俩来的。"

什么公司,我怎么从来没见过这俩小子?后来才知道波士顿一家经纪公司请了这两个无赖来骚扰等着入场的少男少女们。年轻乐迷不避风雨严寒,在场馆外一站几小时,可还没进大门自己还有自己的女朋友就要被这些无赖上下其手又摸又捏。真是棒!终于进了大门,大厅后墙上悬挂了一面白幕布,上面投影出鲁宾·卡特的画像。会场内所有的铁栏杆都包上了发泡橡胶和电工胶布,仿佛主办方早已料到会有一场骚乱。后台的化妆间在更衣室里,实际上就是更衣室,只见桌上放着色彩艳丽的玫瑰,还有巧克力和各种坚果,可后面就是军绿色的铁皮柜,看上去实在诡异。长凳上斑斑汗渍,本地拳击手常坐在长凳上绑护手绷带。场馆管理员嘴里唠叨个不停,迪伦的比格犬跑到后台一间屋子里,屎拉得到处都是。管理员压低了嗓音咒骂道:"这些家伙他娘的以为自己是谁?牵条他娘的狗进来,还他娘让那畜生到处拉屎,真是少有。跟你说吧,咱这儿可都是好人,可没那种人。"管理员端着盛满狗粪的铁锹向场外走去,好像手里提了盏灯笼。

麻将席间的哀悼

马萨诸塞州法尔茅斯，最好的酒店。早在我们到之前，百十来个犹太大妈就把这地方给占领了，玩起了一种源自中国的游戏——麻将。那场面可真热闹，不亚于世界杯复赛，还可以赌钱。同一片草坪上来了个超级歌星，可大妈们根本没放在眼里，全部心思都放在麻将上了。晚些时候，热火朝天的麻将大赛中，酒店经理走上前来，宣布"全美国最伟大的诗人之一艾伦·金斯堡"将为大家献诗一首，可以想象大家脸上的惊奇。一轮掌声，温暖，却似乎少了些许热情。毕竟金斯堡也信奉犹太教。金斯堡一身棕色西服，手里拿着诗稿，向讲台走去，活脱脱就是惠特曼再世重生，只不过两鬓乌黑而非灰白。金斯堡站上高凳，冲麦克风清清嗓子，大妈们友善地笑了笑，接着金斯堡就开始了。他朗诵的是一首为他妈妈所写的哀悼长诗，可谓字字血泪，让人听了浑身不自在。听众也都是当妈的，可诗句过了

艾伦·金斯堡(有胡子的)和琼·贝兹在台下观看迪伦他们演出

★★★★★★★★★★★★★★★★★★★

火,大妈们开始还耐着性子一言不发,可接着就窃窃私语起来,最后脸上已满是厌恶,可诗句还在从金斯堡口中滚滚而出,他的元音低沉,拉得很长,在大家耳畔萦绕不绝,越来越像哭丧。迪伦坐在后面,背倚着墙,帽子遮住双眼,一动不动地聆听。我出生于新教徒家庭,感到四下里有什么,说不清道不明,却像火山一样随时会暴发。那是什么呢?可能是数代人的累积,是母亲,是犹太人的身份,犹太家庭,是哀悼,甚至可以是美国,诗人和语言。不过迪伦身上看不出这种情绪,虽然他也出生于犹太家庭,却塑造出全新的自我,把自己打造成别具一格的游吟诗人,这会儿静静地坐着,面对着他自己的起始,同样也是他的继承。

可金斯堡拥抱传统时用力过猛,结果整个人穿了过去,一头撞上了东方神秘主义的大杂烩,满脑子都是地狱、天使、政治,处处凸显出词语的音乐性。台下的太太们耐着性子听,原本到这儿来是为了度假放松,偷个一日清闲,可没承想撞上这位大诗人。金斯堡还在嘶吼,摄影机镜头闪烁,摄影师时而钻进椅子间的过道,时而钻出来,猫着腰潜行到麻将桌前,悄悄把镜头对准麻将桌旁的太太们。首席摄影师戴维·米尔斯有点儿局促不安,眼前这一幕未免太不自然了,把这一幕的情感内容记录下来可不是他的风格。金斯堡的长诗到了"癌症"一节,向着结尾缓缓驶去,太太们一个个眉头紧锁,终于结束了,掌声暴起,金斯堡致了谢,下了台,迈着小步走了。

接下来上台的是贝兹，听贝兹介绍了自己，太太们长出了一口气，由衷欢迎起来。贝兹来了段清唱，台下的太太们立马疯了。贝兹之后上台的是天才小子曼斯菲尔德，手里拿着小提琴，仿佛《小爵爷方特勒罗伊》中的人物，精湛的琴技给人印象深刻。有趣的是曼斯菲尔德脸上的表情从来不变，即便和乐队合奏到华彩段，只见他弹奏着膝上的夏威夷吉他，脸上表情始终如一，那是用心聆听的表情，聆听的不是别的，正是他自己心中的音乐。毫无疑问，曼斯菲尔德是位顶尖音乐家。接下来场面就火爆了，迪伦上台，向台上那台老掉牙的钢琴走去，过去好多年里，这台钢琴的唯一功能就是为中产阶级听众演奏三、四十年代流行的那种不紧不慢，四平八稳的曲目。只见迪伦在钢琴前落座，瘦削的手指戳向象牙白的琴键，场中立即响起《命运无常》的旋律，还是特别震撼版。迪伦简直就是个超级纵火犯，不到五分钟全场都冒了烟，大妈们包裹在塑身衣里的躯体开始扭动起来，钢琴在颤抖，颤抖，颤抖，仿佛随时都会从舞台上蹦下来，迪伦牛仔靴的跟硬生生把舞台地板给跺出一个洞。罗杰·麦克奎因身背吉他上场了，身后跟着纽沃斯，以及乐队的其他成员，场内每一个空子分子似乎都炸开了。这正是迪伦魔力之所在，把自己的抒情天赋传递给身边其他人，然后就站在一边，看着自己带来的能量如何改变一切。仅仅数分钟前，场面还沉重紧张，让人感到局促不安，可这一会儿迪伦掀开了盖子，活力和热情勃然喷发。迪伦给全场注入了一股兴奋激烈的精神力量，场面立马就活了过来，不是那让人疯狂的精神力量，而是给人带来勇气、希望，最重要的是，带来生机和活力。此时此地，隆冬时节，在这空荡荡的海滨度假村，面对一群大妈，迪伦都能带动起现场的情绪，难怪他能撼动全美国了。

T骨和罗布·斯通纳对昔日一些摇滚巨星十分痴迷，一个点子由此而生。斯通纳最喜爱的歌星是吉尼·文森特，T骨则是巴迪·霍利。大家在酒店阳台上设了一座摇滚天堂，下面是一长片沙滩。斯通纳从头到脚点缀着闪闪发光的黑色箔片，坐在安乐椅上，发型是米克·朗森整的，又上发胶又吹风。透过他身后的落地玻璃门，可以看到一位女子身披白色浴巾，正在修指甲。斯通纳扮演文森特，已在惴惴不安，不知能否凭最后一张唱片拿到摇滚天堂的入场券，朗森在一旁一个劲宽慰他，说一切都有条不紊，不会出错。此时"巴迪·霍利"出场了，看到自己心中的英雄"吉尼·文森特"已先他而至，不禁激动万分，只见他坐了下来，耳朵也垂了下来。接着出场的是"汉克·威廉姆斯"，由漫游的杰克扮演，威廉姆斯是摇滚天堂的守门人。

　　电影真正有趣在此：大家早就抛掉了完整剧本的念头，基本连情节台词都不要了，这帮搞音乐的哪有闲工夫去绞尽脑汁背台词？这帮家伙要么整夜整夜排练，要么演奏，要么搞聚会，早上六七点钟就爬起来，让他们中任何两个同时站到镜头前都很难办到。大伙决定，干脆搞成松散情景，台词则临场发挥。这一次，参加巡演的每个人都嗅出了T骨和斯通纳之间有戏，不约而同加入进来。贝兹突然闯入镜头，头戴红色假发，下身穿热裤，脚蹬皮靴，大口大口嚼着口香糖。她扮演的角色是一名追星女，紧紧贴住吉尼·文森特，纽沃斯也来了，打扮成个药贩子，把维生素丸撒得阳台上满地都是，还一边高声吆喝："瞧啊，看啊，这儿有水合氯醛，汉克的最爱。瞧啊，看啊，一袋子啊，都是正宗加州摇头丸。"药丸四下飞撒，场面开始失控，人物开始又晃又跳，最后手持摄影机根本跟不上人物的动作。上午已过去一半了，上了岁数的夫妇们正在下面沙滩上漫步，此刻都惊呆了，望着阳台，不知发生了什么。海里游泳的人也凑了过来，湿漉漉的身上还滴着海水，控制场面？门儿都没有，甚至连停下来调整一下镜头角度的间隙都没有，拍出来的简直就是马克斯兄弟式影片。能有什么办法？就这么着吧，只希望胶片还能记录下点有价值的东西。最后大家也闹够了，一个接一个溜出去吃午饭了，阳台上留下一大片五颜六色的维生素药丸，一顶红色的假发，几把吹风机，都沐浴在正午的阳光下。

法尔茅斯
马萨诸塞州

每天早上杰克·埃利奥特都要到沙滩上跑步，只穿条泳裤，脖子上挂条毛巾。有时头上戴顶牛仔帽。埃利奥特的步履平稳，即使下雨也不能阻止他跑步，有时直接向海里跑去，脸朝下一头扎进冰冷刺骨的大西洋。埃利奥特起得也很早，他的适应能力真是惊人，酒店里吃早餐的住客们个个惊叹不已。

每天早上艾伦和彼得都待在房客里冥想。我的房间恰好在金斯堡隔壁，每天都会被东方宗教吟唱声，还有风琴声吵醒。

每天早上，我们的制片人巴里·因姆霍夫享用他与众不同的早餐：蛋黄酱拌脆培根肉。

此处重要是夏季度假地，可现在是隆冬季节，大家只觉得自己是鬼城占领军。有那么一会儿，除了我们之外，此处倒也还有几个住客，就是前面提到的犹太大妈，可如今连大妈们都走了，只剩下我们。酒店老板身材魁梧，有点像演员彼得·乌斯蒂诺夫，又短又粗的手指上戴满金戒指，脖子上挂着根粗链子，链子末端悬着一枚圆坠子，步履沉重，整个身体的重心都在脖子上。当地小报《乡村之声》的一名记者今天早上居然混进了酒店，洛·坎普想出了个很绝的点子，他把那傻小子关到一间客房，再在门上挂个牌子，写着"房间正在消毒"。谁要是对媒体感兴趣，可以直接去找那小子，不用担心，那小子不会从门后扑过来。我想，那小子肯定一整天都在房间里来回走，根本就不会有人去跟他说哪怕一句话。

刺骨寒风横扫海滩，海面一只小艇，艇里坐着纽沃思、漫游的杰克、彼得·沃洛夫斯基，迪伦掌舵。小艇看上去简直就是从《华盛顿越过三角洲》这幅画中直接吹到这片海上，只不过这次艇上乘客个个紧抓船舷，在寒风中颤抖，一个个看上去一脸倒霉相。这鬼天气居然出海，而不是躲在温暖舒适的房间里！海滩上，普利茅斯岩四周立着铁栅栏，大伙儿正在为如何把金斯堡弄到栅栏里面去而绞尽脑汁。这块岩石也真悲催，只有个尖尖露出沙滩，上面还架了一块青铜护板，保护岩石免受雨水的侵蚀。栅栏边站了一圈游客，争着瞅这块巨岩一眼。摄影师来回跑，一头是金斯堡和巨岩，一头是迪伦和小艇，浪头几乎把小艇一个劲儿往外海冲，只好把小艇拖上岸。金斯堡手持一只西藏转经铃，已开始诵颂经文，小艇上的人已上了海滩，深一脚浅一脚朝金斯堡走去。海滩上的游客似乎完全没人认出迪伦。此时此刻，除了那仰着一块青铜顶盖的巨岩，他们眼中就再也没别的了。

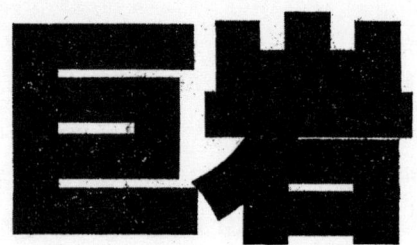

放低高山（即兴创作）

放低　　放低高山　　放低上帝
放低　　放低音乐　　爱放低
放低　　放低仇恨　　自己放低
放低　　放低国家　　放足巨岩上
放低一切创造神话　　放低心灵
放低帝国　　全世界放低
放低　　心灵永远　　放低目光
放低　　光鲜的肉体　　放低耀眼的皇冠
放低　　魔法，嘿！魔法师　　全部放低
放低　　实践　　放低亲爱的智慧
放低　　放低镜头　　放低影像
耶！放低影像　　放低光

艾伦·金斯堡
1975.11.1

电影桥段

普利茅斯巨岩

电影

（**魔法师**[金斯堡]端坐在普利茅斯巨岩上，**牛仔**[漫游的杰克]向魔法师走近，好像他走了这么远找的就是这个地方。）

牛　仔：这儿是王国吗？

魔法师：这儿是巨岩。

牛　仔：哦,你说这儿不是王国?

魔法师：这儿是王国中的巨岩。

牛　仔：那王国在哪儿?

魔法师：问得好。

牛　仔：我大老远跑来就是要找王国。

魔法师：嗯,人家说王国由此地开始。

牛　仔：可你也不确定,对吗?

魔法师：我有感觉,可能是这儿。

牛　仔：不介意的话,能说说您是谁吗?

魔法师：我是王。

牛　仔：您就是王?

魔法师：你是牛仔。

牛　仔：没错,你怎么知道?

魔法师：你走了多远?

牛　仔：从老远的西部来,大老远跑来就为了到这儿亲眼瞧上一眼。

魔法师：既然已经到了这儿,有什么感觉?

牛　仔：凑合吧,有点小失望。

魔法师：你想看到什么?

牛　仔：嗯,听说这儿是未开发的处女地,新大陆,开放的国度,诸如此类。

魔法师：说得不对吗?

牛　仔：可你不是王吗?

魔法师：没错,我就是王。

牛　仔：那还扯什么未开发,什么处女地。

魔法师：可王国尚未建立。

牛　仔：哦,那样啊。

蜡像馆

蜡像馆里一层全景重现当年五月花号登陆时的景象,有颠簸摇晃的小舟,电脑控制的暴雨,墙上有个黑按钮,一按就会响起预先录制在磁带里的解说。大伙已经花了几个小时准备照明灯光,下面金斯堡和埃利奥特就要登场了。艾伦盘腿坐在几个印第安人蜡像间,摆出冥想的姿势,那几个印第安人正远远窥望着海上来的白人朝圣者。杰克跑到布景中去,跟每个朝圣者蜡像握手,欢迎他们踏足新大陆,嘴里还不住唠叨着:"千万别把家庭住址告诉坏人。"接着只见他轻推下头上的牛仔帽,走出镜头。照明很糟,总是拍不好,杰克只好一遍遍重复同一套动作,嘴里不住唠叨:"千万别把家庭住址告诉坏人。"真怕他面前的蜡像会突然出声,叫他你他妈的闭嘴。杰克又闹腾起来了,只见他登上一处小高台,然后一下子蹦下来,正砸到转运朝圣者小舟的后部,整个船尾骤猛地一沉。"看来要舀水了,"杰克一边喊,一边脱下头上的牛仔帽,做出舀水的动作。此时摄像师大叫了起来,没有胶片了,可四下全是电脑,操控的风雨声,中间还夹杂着解说录音,摄影师的话杰克一个字也没听到,还在一个劲地舀水,嘴里一遍又一遍唠叨着"千万别把家庭住址告诉坏人"。艾伦在一角静坐,等着摄影师换胶片。此时楼梯间上走下一大群学童,不下一个班,最后紧跟两个女性,面容紧绷,看来是老师。杰克还在舀水,孩子们围在护栏上,看着杰克表演,好像一群长臂猿,有孩子大叫:"快看,那人活了,有个死人活了。索恩沃尔太太,快看。"索恩沃尔太太已感到展厅里有些不寻常,把孩子们从护栏边上一个个拉开。风雨声终于停了下来,展厅里一片静默,只能听到嚼薯片的声音。杰克又生一计,拿出吉他,站在蜡人中间,向孩子们唱了一首古老的船夫号子。真是一堂声情并茂的美国历史课。

电影

向西印度群岛派出船只，驶向生产蔗糖的岛屿，满载鳕鱼、奶牛，还有森林里的木材。返航时，船上的货变成糖和糖浆，糖和糖酿成朗姆酒，酒运到千里之外的黑非洲，换回了奴隶，奴隶又运到西印度群岛，换回金币，金币又从白英格兰换回各种商品。想当年咱们就是干这个的。

三角贸易

姑娘的话

马萨诸塞州
普利茅斯
红砖砌成市政厅
寒风刺骨

"从没见过迪伦，没见过他本人，从没真正见过他。有点儿好奇，常梦到迪伦，却从没见过。我觉得吧，既然这男人老在夜里出现，趁我睡着了闯入我的生活，干吗不趁醒的时候真正见见他呢？没什么超现实感，一点不像在做梦，就是一条路，我沿着路走，迪伦朝我走来。看见他走了过来，其实还没看清脸我就知道是迪伦。咱俩越走越近，早就认出了是迪伦，然后我就在路中间跳起来，然后迪伦也在路中间跳起来，咱俩就你也跳，我也跳，一句话也不说。就是跳。越跳越高，最后一蹦能有五十英尺，都跳到天上去了。上去又下来，一点儿都不费劲，真轻松。"

人物表

	炼金师	魔鬼
	魔法师	刺客
	牧师	新娘
	诗人	情人
	教师	卡车司机
	小贩	朝圣者
	男巫	国王/皇帝
	圣人	渔夫
	恶魔	流浪汉
	女巫	信使
	持枪人	无名氏
	拳击手	神甫
	先知	王后
	窃贼	萨满
	牛仔	白痴

新英格兰
★★★★★★★★★★★★★★★★★★

概观

两百年大庆的狂热下，整个新英格兰仿佛开了锅，似乎拼命去重现历史，以证明自己不是凭空掉下来的。有种感觉，过去至少还有某种结构，唤醒昔日的幽灵，或许可以治愈当下的疯狂。到处都在出售仿古品，城里人穿上戏服，到处旗带飘扬。当下被历史一口吞下去。这片狂热中，滚雷也在追寻着什么，追寻着某种关联，一路上追寻着某种里程碑式的东西。滚雷不仅是一次巡回演出，更是一次朝圣之旅，我们从周围的一切中追寻自己，从每一站停留中追寻自己。即便在路上时，依旧在追寻自己，从时间和空间上找到自己在地图上的位置，推动我们去追寻的主要是这部电影，一路都在找合适的拍摄地，设计合适的人物和情景。对于拍电影而言这些原本是最基本的，却引发出一系列问题：我们是谁？所做的一切有什么意义？这是一趟精神之旅吗？或是又一场摇滚演出？在盲目的美国，我们这样风尘仆仆，到一个地方都要为找旅店住宿而着急上火，究竟图个什么？我们究竟在拍一部什么样的电影？不为什么，只因为此刻身处新英格兰，只因这曾是某些人的先辈曾经生活的土地，我们的一切不可能不受到影响。所谓既往者，即为当下之流逝。

马萨诸塞州法尔茅斯市内的酒吧

保安的车紧随着我们车后面，咱们的司机是来自布朗克斯的"大杰克"，这会已完全丧失了驾驶理智，一脚油门就到底，仿佛一心要试油门踏板有多耐操。这伙计紧踩油门，过急弯都不松一点，车子一侧车轮都悬了空。新英格兰高速公路上急弯可真不少，什么半圆弯、U形弯，托着车腾空而起，飞越扬基佬们一刻也不肯离开的大地母亲的胸怀。过这些弯真有点危险，尤其是车速达到每小时80英里，更只有两只车轮着地。其实当时我也没在意这车开得有多疯，一门心思只想把屁股固定在车椅上，至少也要固定住半个屁股，要知道，开车的这位歌星有好几年都莫名其妙地害怕被人盯梢，可这一刻后面可千真万确有人盯梢了，盯梢的人还是他自己雇来的，车飞驰过一片街道，有点像电影《我们镇》中的街道，急转，急停，路面上留下长长的橡胶印，正停在城里图书馆对面，发动机还在低声轰鸣，仿佛玩命狂奔后喘着粗气。整整五分钟，没人出声，也没人下车，大家都木了，只有杰克和迪伦例外，两人下车，脚下踏着干枯的落叶。摄影师和几个助手嘴里骂得就没停过，设备东一件西一件散了一车厢，正忙着归置，对面药店里走出几个人，远远看着我们车，仿佛以为有人要当街杀人，要么就是以为有人要当街撒尿。没有人杀人，也没有人撒尿，后面风驰电掣赶来的是保安车，车里坐满了彪形大汉，一个个咧着大嘴，一身大学生愣小子打扮。保安车公然停在广场正中，保安们也不下车，却更惹眼。迪伦一摇一摆向保安车走去，把脸贴在车窗玻璃上，呵呵一笑，问司机怎么追上来的。司机答道："巴里叫我们盯紧了你。"迪伦转过身来，径直向酒吧走去。

走进酒吧

真不敢相信自己的眼睛,酒吧里面简直停留在另一个时代。窄窄的柜台面上铺着大理石,高脚凳镀着克罗米,麦芽酒搅拌器是绿色的,酒杯是铝制的。柜台后站着一个服务员,一看就是高中生的模样,头上扎条红头带,身上穿了件T恤。迪伦冲进卫生间,哼了几声,接着水流声哗哗而至。柜台后面那位说没听过迪伦的歌,他大哥倒是有几张迪伦的唱片。驾设照明灯光用了二十分钟,然后厄尔涅·伊格尔去敲卫生间门,室友把耳朵贴在门板上,敲了几下,还没动静,伊格尔开始直接推门,不知道迪伦在里面怎么了。推开门,只见里面空空如也,迪伦不见了,只有一扇打开的窗户,吹进嗖嗖寒风,露出一小块蓝天。

"炼金师"桥段

皇　帝（金斯堡）：隔着葡萄架，听说你有些法力。

炼金师（迪伦）：有法力的不是我，不过我知道您说的是谁。

皇　帝：你不是炼金师吗？

炼金师：不是，不过我看见那人过来了，背个大袋子，袋子里都是瓶瓶罐罐。时不时会跟我说几句。

皇　帝：他跟你说了些什么？

炼金师：也没什么，不过看到他做了几个神秘的手势。我一声不出，就站在旁边看。

皇　帝：他都能做些什么？

炼金师：有时很小，有时很大。

皇　帝：比如说？

炼金师：有一次看到他点冰燃火，真有意思，冰全化了。

皇　帝：你在场么？

炼金师：在场，一动不敢动，生怕惊到他。其他人都吓跑了，就我动也不动。

皇　帝：接着呢？

炼金师：接下来，我俩在冰上滑，他在跳什么舞。还见过些别的，可我不能说。

皇　帝：为什么不能说？

炼金师：还想他回来，让我多看看他的本事。

皇　帝：之所以要问你，因为我对帝国有点儿担心。

炼金师：担心什么？

皇　帝：人人都破产了，我是皇帝，有责任帮他们一把。

炼金师：这样嘛，倒也可以跟他说说。您想要什么？金子还是闪电？

皇　帝：能帮他们还上账就行。

炼金师：欠了谁的钱？

皇　帝：反正欠了钱，说不清谁。

炼金师：怎么会欠了一屁股债？

皇　帝：债务和皇位一起传给我。

炼金师：知道该怎么办了，可我说过了，我不是他。

皇　帝：明白，明白。

"暴风卡特有望沉冤得雪"

新泽西州特伦顿：鲁宾·暴风卡特申请重审凶杀判决，新泽西州最高法院支持重审，表示将"加快"重审程序。

"今年早些时候，中级上诉法庭收到卡特和他的同案犯约翰·阿提斯提出的重审申请，高等法院法官萨缪尔·拉纳驳回申请。这次最高法院越过了上诉法庭判决。"

"前中量级拳击手卡特说，1966年发生于佩特森市的酒吧凶杀案中，自己无罪。1967年，卡特和阿提斯被判凶杀罪名成立。"

"两个关键证人曾作证在凶杀现场看到了卡特和阿提斯，现在撤回了证词。"

《纽约时报》

要求新审判

"暴风"鲁宾·卡特和迪伦

诗句飞扬。用金斯堡的话说,"张口就来。"仿佛这帮家伙打娘胎里一出来,便妙语连珠。我亲耳听到纽沃斯嘴里冒出几句,还真不赖。鲍勃时唱时诵,诗句带着浓烈的讽刺。金斯堡的想象可谓别具一格,诗句点滴积聚,汇成滚滚流水。有人认为作诗是一种下意识本能。无须思考加工,对此我难以苟同。别的不说,婴儿出生并不掌握语言,至少是有字词句的语言。肯定存在着某种诗歌特有的思维系统,要形成这种系统少不了多年的苦练。歌词创作就更是如此了,更讲究控制。记得没错的话,是金斯堡最先在报刊上发表文章,力陈迪伦是把诗歌引入流行歌曲的第一人。可这样一来,是不是要把汉克·威廉姆斯排除在外?"兔子"理查德·布朗呢?杰米·罗杰斯又如何?或许金说的是迪伦歌中那种令人感到胸怀开张的诗歌感吧。我也说不大清楚，不过有一点可以肯定，诗歌感降临之时，你绝不会有任何疑虑。没错，就是那样！当你突然感到胸腔中多了点原先没有的东西，它就来了，要是有谁把"拯救"和"荒谬"压上韵，令你听了怦然心动，没错，那就是诗。乔尼·埃斯留下了不少不朽名曲，例如C大调、A小调、F大调、G大调，等等。迪伦和贝兹曾唱过其中一首，风格可谓简约之极。看看下面几句：

今晚，让我爱你
明天，且忘记
无泪亦愁
别叫我走

写在纸上的歌词已经远失其风味，可依旧不难看出那优美的曲线，可谓多一字则过，少一字则不足。再看看下面这段，更精彩：

一千一万次，你说
咱俩永不分离
可如今我已看到
陌生人在你心里。

当然，光看歌词，根本体会不到那渐渐下降的低音，跟着情绪一起走，直到这一段结束，接入下一段。我可不想卖弄什么抒情分析，只是想向埃斯致敬。就语言简洁而言，迪伦和列维合写的《哦！姐妹》可谓可圈可点：

58

哦！姐妹，

我可是你的兄弟

也需要你的

似水柔情

你我是否也有

人间共同目标

去爱，去循守

吾父上天指引

无论是谁，分析抒情诗句注定吃力不讨好，就像深入讨论弗洛伊德心理学一样。再说了，抒情诗句分析原本就是批评家该干的活儿。可当字词句从以往落入当下，诗人身上究竟发生了什么样的细致入微，甚至直达细胞的内在变化？这才是我所感兴趣的。听迪伦的歌，我有一种感觉，感到他的歌唤起了鲜活的形象，一幕幕活生生的场景在眼前浮现，迪伦真可谓一位无师自通的电影大师。或许，不同的人听同一首歌会联想到不同的场景。听《只是命运捉弄》这首歌时，我脑海中会浮现出一系列景象：雨水中小公园青翠欲滴，长凳旁的街灯泛着昏黄灯光，长凳上两人静坐无语，真想知道其他人听这首歌时，脑海中是否也会浮现出同样的景象。还有《萨拉》中的海滩，《风暴》中的酒吧，《霍利斯·布朗》中的小木屋，《不是我》中的窗户，《海蒂·卡罗尔》中的木桌和烟缸，以及《咖啡，再来一杯》中的山谷。图画如何变成语言？语言又如何变成图画？又如何令人情为之发，心为之感？真是不可思议！

尺寸感

迪伦买了条狗，无论是外形还是大小都是跟迪伦绝配。是条雌性比格尔幼犬。小狗跟着迪伦，从富丽堂皇的宾馆大堂一路到蒙特利尔，再回来，见到犄角旮旯就要拉泡屎，简直是宾馆女清洁工的噩梦。迪伦到哪儿都跟着，也难怪，人家原本就是条猎犬嘛！有时黑人警卫会牵它去遛，遛过它的人可多了，有"书呆子加里"，"大个子巴里"，还有"滑头路易"。这狗东西从来都吃不饱，搞不好身上还有虫子。有一次，我亲眼目睹了迪伦的一项本事，他似乎总能感受到自己的"尺寸"。这种"尺寸"会给周围人带来明显影响。地点是马萨诸塞州法尔茅斯市海角宾馆的室内网球场，整个网球场就是为荷包鼓实，肯烧钱，又在乎身体健康的网球迷而建的。那天滚雷巡演团包下了整个网球场，在里面竖起巨兽般的黑色扬声器，架起镁光灯，挂上一块泛黄的帆布幕布，各种设备，功放、麦克风无数，两架超级骑兵聚光灯巍然耸立，活像两门高射炮。桌子边上堆满了咖啡杯，各种吃的，条纹干酪、火腿肉、坚果，还有无花果干。场里有部自动发球机，可早已投不进币了，每个角落都聚满了人。舞台已经一切就绪，网球场上此刻已是人头攒动，宾馆工作人员被请来客串观众，一齐坐在金属折叠椅上，这是巡演第一次在"观众"面前亮相。纽沃斯手下的乐队穿得像街头混混，此时也出现了。没人怀疑演出的音乐水准。要知道这帮人随便哪一个都可以引领流行乐坛之风骚至少十年，风格更是多种多样，从摇滚到乡村到西部音乐到黑人音乐，但凡你能想得出。对这帮人来说，"才华横溢"这个词都显得太苍白了。轮到迪伦登台了，他抱了一把迷你吉布森电吉他，脸上戴着副小镜片墨镜。有点猫的感觉，上身穿了件白衬衫，身边站着贝兹，和迪伦一般高，一头黑发在灯光下闪耀。两人合唱了首《威廉和金格》，3/4拍，有点怪，重音落在第一拍上，每小节唱完，迪伦都在吉他上加入一段细碎的断音。这首歌的节奏倒让我回想起放"赤色魔鬼"烟花时的情景，总是在你最意想不到的时候炸响。你点燃烟花，可老不响，以为药捻灭了，弯下身去正打算查看一下，砰就响了。

　　迪伦选的这身行头牢牢占据着我的视线，从墨镜到吉他，甚至连贝兹都成了舞台上的一件道具。迪伦身上、身边的一切仿佛具有极度催眠效果，目光和他一接触，就再也离不开他脸上那副墨镜。还是高中生那会儿，我第一次看雷·查尔斯表演，也有过类似经历，只见查尔斯在舞台上拉直了脖子，侧着身子移动，简直就像一块磁石牢牢吸住观众的视线。酒店员工们做出一副看电影的样子，每人手里就差一罐爆米花了，其实他们也不大清楚台上表演的是谁。表演的又是什么，台上的人对他们来说只是个空洞的名字。在他们看来，台上不就是个瞎眼乱撞的小个儿男人吗？唱歌可真

★★★★★★★★★★★★★★★★★★★★

怪,身边那个墨西哥女神倒是很正点。迪伦的比格犬迈着小步,在横七竖八的麦克风电缆间穿进穿出,根本没介意舞台上的音乐声。只是鼻头贴着地面一个劲儿地嗅,仿佛在找面包屑。闪光灯都要闪爆了,两部大功率超级骑兵聚光灯直射帆布幕布,简直要在上面烧出两个大洞。摄影师肯一动不动地隐伏在人群外围,仿佛静候猎物的食肉兽。只要有迪伦在,一切都似乎不费吹灰之力,是不是很神奇?只要有迪伦在,不管场面多疯狂,总能串起来,不会掉链子。

★★★★★★★★★★★ 第一个

T骨伯内特是个说话直来直去的人,这会一直在我身后晃。这小子浑身上下,总让人感到有点怪,有点疯,整个巡演团中就对他不那么确定。不知他能否控制住自己心灵黑暗的一面。这小子倒也不吓人,就是有点疯。这一刻我坐在柳条椅上,面对排演场,迪伦正在排演《暴雨》这首歌,简直像一股扫过地面的龙卷风。T骨一直在我身后踱着步子,来来回回距离不超过十英尺,手里把大头针弯成U形。突然间,他穿着托尼·拉马牛仔靴的脚一扭,身子原地猛转一百八十度,弯下腰,下巴差点就磕到我身上,我一动没动,听着他对我耳语,可别人看来肯定以为我被纽约下东区的街头混混打劫了。耳轮中回响起T骨带着浓重得克萨斯口音的声音:"这狗日的真是太棒了,第一个超级巨星。有他我才想活,现在让我一天死十次也心甘了。"说完,T骨又一转,消失在黑暗中。

超级明星

迪伦、罗尼·布雷克利、T骨伯内特和鲍勃·纽沃斯

琼尼·米切尔、罗杰·麦克奎因和迪伦

罗杰·麦克奎因

罗杰有部移动电话，放在黑色皮套里，到哪儿都带着，使得他一看上去就像个误入歧途的天才。有时在餐馆吃饭时，他看上去有些紧张，再加上他手头那部电话，看上去活脱脱就是个激进分子，到处放炸弹，却总也整不明白为什么需要这样干。平时罗杰头戴黑色绸帽子，上身穿棕色皮猎装，下身卡其布宽筒裤，足蹬马靴，手里居然还真有根鞭子。（鞭子纯粹就是个摆设，倒不是真的要骑马。）这身打扮一登台，观众们全部都蒙了，心想这家伙谁啊？接着贝兹登台，介绍麦克奎因的大名。再接着，响起《栗色母马》和《八英里高》的歌声，现场立马就爆了。最后要伯内特冲到他身边，一手挽住他肩头拉着他走，他才肯离台。罗杰解释道，一直以来他都极度担心自己会被人暗杀在台上，差不多一直到去年才从这种想法中走了出来。通常他担心杀手最有可能藏在台光支架旁边。他曾和比尔兹合唱过一首歌，一边唱一边觉得枪手近在咫尺，正在擦拭枪管，然后，慢慢抬起枪管，左右摆动，寻找最佳射击角度，有时罗杰也幻想枪手拿着手枪，一把银柄手枪，子弹突然从无数张无名的面孔间飞出，正中目标。有时他幻想自己被子弹击中，倒在台上，可台下的观点还以为他只是晕倒了，因为震耳欲聋的音乐声把枪声完全淹没了。也可能子弹划过他手中的吉他，击中了乐队其他成员，也可能子弹从他身边飞过，不管怎么说，现在他还活着，活蹦乱跳。

看迪伦在台上表演，一直有一种感觉，他的表演有大目标。迪伦自己说自己"就是个唱歌的"，这实际上是一种自我保护，觉得有人从思想内涵上对他品头论足，要知道这对于任何一位艺术家来说都是威胁。虽然迪伦自己这么说，也无可否认他的音乐所带来的心灵冲击，不过何以如此倒不需要他本人回答。迪伦的音乐带来追问，一个接一个砸向听众。神话是强大的中介，作用于情感而非理智，把人们带入到秘境之中。有些神话要是信了会中毒，可也有些神话具有改变内心事物的能力，虽然改变可能只能持续一两分钟。迪伦为我们立足于其上的大地营造出神话色彩，地还是那片地，只不过我们没有看到大地上神话的色彩，直到有一天……

这是整趟巡演中最有意思的一天,却全然出于偶然,肯通过阿洛·古思里联系到一位80岁的吉卜赛老太太,这附近大家都叫她"老妈"。老妈在马萨诸塞州的穷乡僻壤开了间酒吧兼餐厅(过去实际就是家妓院),那地方叫"贝克特"。一个阳光灿烂的午后,天气和暖,大家终于在老妈开的餐厅门口停下车,一路开的都是乡下烂路,还要时不时停下车,在岔道口的树上钉上标记,指示后面的车该往哪儿走。眼前一棵苹果树,树后搭了间简易屋,屋里传出悠扬的音乐声是《来,女郎,来》。古思里那辆能拉半吨货的福特已停在门厅外,一到这地方就感觉透着股子怪异,其实这地方上上下下没什么特别突出之处,可就是让人感到那样怪。走到屋内,墙上挂满了旧照片,把整面墙都遮住了,照片中的人大都是老妈自己,涵盖了她充满冒险的一生的各个阶段。有几张照片中老妈和女童合唱班站在一起,只见她周身上下吉卜赛打扮,肩上背着吉他,还有一张照片中老妈和一位船长脸贴着脸并立。老照片间挂着各式各样的宗教用品,有手珠、十字架、圣母玛丽像,最后晚餐画,还有头戴荆棘王冠的耶稣像,等等。所有照片和宗教用品要么放在塑料相框中,要么放在合成薄板做成的支架上,就是在美国遥远南部常能

老妈餐厅，昔日如梦：
马萨诸塞州斯普林菲尔德，11月7日

迪伦和"老妈"握手

见到的那种，都已经褪了色。不过屋内倒不大让人感到压抑，老妈正在屋后的小厨房做吃的，飘出诱人的香味，也令屋内的一切显得温馨迷人，刚把我们介绍给老妈，老妈身上那股豪爽之风已迎面袭来。老妈个头不算高，但绝对算得上又宽又厚，白色的头发向上卷起，身上披了件夏威夷穆穆袍，襟只及双膝，赤足，皮肤僵硬，一只脚踝上戴了根银足链，链上垂下一个小小的心形银坠，正好搭在一条青色血管之上。老妈的一双眼一盯上你，眼中神情似乎是哀怨泪流，又夹杂着深情美好的祝愿，说着说着老妈会突然没由头就抽泣起来，肯定是想到昔日某位情人，勾起了她的伤心往事，抽泣一小会儿又突然打住，完全没事似的带你看她周游各地时收藏的各种小物件，可接一会儿又抽泣起来，像方才一样整个人沉浸于哀思之中不能自拔，倒有点像去疗养院探望一位上了岁数的亲戚，老人家脑子虽然有点不灵光了，可心地还是和往日一样善良。你一边听老人家絮叨，一边还要装出若无其事的样子，可不能把自己的真实感受暴露出来。老人手中有两张唱片引起了我们的注意，唱片里录制的是老人自己唱的歌，唱片就在屋里的自动音乐机里。我往机里投了一杯硬币，摁下按钮，第一张唱片里录的一首绵长的小调，歌词是外文，近乎西班牙语或意大利语，大约叫《老妈和上帝》。音乐机连着一只老旧的锡皮喇叭，架设在门厅外面，这样大自然也能听到老妈的歌声。想想看面前这位老妇人过了怎样的一辈子，到老来却住在这穷乡僻壤的树林边，真让人感慨不已。可老人家没什么不满，现实中的一切令她满足，客厅这方小小天地盛下了她的整个世界，不是很神奇么？老人把过去的一切妥妥当当地摆在身畔，却也没有对当下麻木无感。

　　贝兹一出现，真正戏剧性的一幕上演了。老妈一眼就看出贝兹是名天主教徒，接下来时而小姑娘般咯咯笑，时而低声潋泣，一个熊抱把贝兹紧紧搂在怀里，然后双手紧握住贝兹的肩头，凝望贝兹的双眼，两行清泪沿面颊滑落。老妈紧紧握住贝兹的手，撩起穆穆袍，拉着贝兹沿着小截又窄又陡的楼梯轻跃而上，嘴里说着："跟我来，给你看点东西，希望你喜欢。快来。"贝兹被老妈拖着进了卧室，摁坐在松软的蓝色床垫上，床正上方挂了幅大大的彩色耶稣像，老妈打开抽屉翻腾了一会儿，翻腾出一套白色锦缎婚纱，提起婚纱转了一圈，又把婚纱跟对着贝兹比了又比。看着老妈手捧婚纱向贝兹缓缓走来，卧室里鸦雀无声，那一刻包含这宗教神圣的静默。

贝兹也不知是高兴还是尴尬，身子扭动着，说："我不能要，那是你的。"

"一定要收下，我年轻时这婚纱属于我，现在请你收下。"

贝兹钻进衣帽间，换起了衣服，老妈则又翻箱倒柜抄出好多昔日的物件，只见她拎起一条亮闪闪的蓝色项链，又拈起两粒和项链配一套的耳坠，一对珠宝手镯，甚至还抄出一把绿色的吉他。贝兹终于走出衣帽间，一身亮晶晶的纯白，婚纱简直像为她量身定做的。老妈一眼望去，泪水已夺眶而出，把刚刚倒腾出的首饰也拿给贝兹。恰好此时胶片快用完了，摄影师都要疯了，加弗斯简直以光速冲下楼，又冲上楼，为机器换好胶片。卧室里灯光变了，老妈开始东一句西一句扯起来，一会儿上帝，一会儿耶稣，一会儿"好运"，一会儿医药，一会儿又扯到教会和爱心，贝兹就站着听，站得直直地听。最后贝兹问老妈想听首歌吗，老妈点点头，于是贝兹唱起一首乡村小调。老妈一边听，一边用赤足在楼板上轻轻踏出节拍，两手轻拂在凸出的大肚子上，看神情已完全沉醉于歌声之中了。贝兹略带颤音的歌声在老妈陈旧的卧室中回响,有那么一会儿谁也不出声,只是凝神静听。

楼下,迪伦坐第二辆车到了,此刻正和罗尼·布雷克利一起坐在吧台边,已经有了个点子,要上演一幕。这一幕里贝兹是位名歌星,迪伦则扮成一个追星狂,天涯海角紧追不舍,就为了能看上她一样,摄影师霍华德躲在屋子一角,整个人几乎是头向下倒立起来,摄影机抱在双膝之间,汗流如注,他手下的人同样也毫无准备,都快疯了。录音师拼命把电缆甩到屋子另一边,手忙脚乱地给录音机换磁带,灯光师用宽电工胶布把照明灯固定起来。迪伦已经是第二杯白兰地了,看上去甚是怡然自得,一会儿一条腿坐在高脚吧凳上,一会儿换另一条腿,冲着罗尼妙语连珠。罗尼也想接上几句机灵话,可此时此刻总让人感到有些呆板。突然间贝兹出现了,一身白色婚纱,秀丽端庄如梦中情人,空气瞬间凝结了起来。这才叫无心插柳柳成荫,只见贝兹在吧台一端坐下,另一端是迪伦,贝兹睁大一双黑色的眼睛,紧紧盯住迪伦。迪伦身子动了一下,又要了一杯白兰地,扭过头微微一笑。摄影机运转正常,贝兹上来当头就是一棒:"怎么你嘴里就没句真话?"

"我从来不说假话,说假话的是另一个人。"

"又说假话了。"

在遐想餐厅

摄影机在转动,屋里谁都不敢出大气,这一幕也太出乎意料了。贝兹步步紧逼。

"你总在骗我,嘴里没一句真话。"

"好吧,想说什么就说吧。你觉得什么都是狗屎,没错有些东西真就是狗屎,可也有些东西不是。"

"别再骗人了,鲍比。想叫他们关掉机器吗?"

"你那个男朋友呢?他到底怎么了?"

"别打岔!"

"我在跟你谈心。"

贝兹咧嘴一笑,露出一口洁白的牙齿,更衬托出老妈的蓝色项链。

"鲍勃,要是咱俩结婚,你说会怎么样?"

"我只跟我爱的女人结婚。"

"我嫁给我以为爱上的男人。"

眼前这一幕要么是史上最差劲的独白,要么是电影史上最精彩的告白。迪伦肚子里已装满了白兰地,左闪右避想避开贝兹的一记记重拳,贝兹双足叉开,站立场中稳如泰山,一拳又一拳向对手砸下去。制片人在后面使了使眼色,有音乐声响起,摄影机转速加快了一倍。

"你不是弹吉他的么?"

"不是我,是另一个人。"

"那个人?"

"小矮个子,忘了叫什么了。"

"哦,是那个明尼苏达来的犹太小子吗?好像叫齐默曼。"

"没错。"

"你为什么改名字？"

"图个新鲜。"

"还弹吉他吗？"

"偶尔吧，有场路演。"

"对，听说了，叫什么来着？滚什么来着？"

"差不多吧。"

"在哪儿演？"

"小地方，就附近一带。"

阿尔洛终于宣布，晚餐好了，迪伦一点儿也不饿，还要继续拍下去。可要抵挡老妈做的秋葵焖鱼的香味实在是太难了，大伙儿收拾了一会儿，接着就开吃了。迪伦这会儿拍电影的兴致正浓，把盘子端到另一间屋里，叫摄影师拍他和斯嘉丽·里夫埃娜、金斯堡、罗布·斯通纳共进晚餐一幕，阿尔洛坐在一台旧立式钢琴旁弹起了钢琴，迪伦和斯嘉丽边吃边聊，问她城里有什么，斯嘉丽立马就进入角色，东拉西扯聊起了"乡下"姑娘常聊的家常。一首轻柔的曲子从阿尔洛指间流淌而出。正好做电影对白的配乐。摄制组的人一下子要适应场景的变换、灯光的变换，还要拿稳装着秋葵焖鱼的盘子，不断调整镜头角度的同时偷偷叉一块鱼肉放进嘴里。老妈向大伙派发着明信片，上面印着她年轻时的黑白照，餐桌这一场戏越走越快，就在此时杰克·埃里奥特从窗外探出头，嘴里哼着首航海号子，金斯堡高声朗读起《白鲸》，迪伦从桌子底下爬过去，爬出窗子，消失不见了。这时斯通纳闯了进来，肩上挎着老妈那把绿吉他，又扮起了吉尼·文森特，接着巴里养的狗米勒也从窗外爬了进来，爬过餐桌，绕过桌上一堆堆鱼刺，跳回到地上。

外面贝兹和迪伦在苹果树下窃窃私语，接着并肩向小池塘走去，池塘边怪石嶙峋，把摄影组的人抛得远远的。一切都脱了节，乱了套，电影拍到这份儿上，正要把一个个看似无关的镜头串接起来，可缺了摄影师怎么玩儿下去？

　　天突然就全黑了，有人想起还有路要赶，赶去另一场演出。夜幕中，老妈餐厅亮着灯光，仿佛白天积蓄的精力此刻都转换成了电力，渗入墙壁和地板之中，这间小小的餐厅在马萨诸塞州的密林中仿佛在微微颤动，司机仿佛刚刚从冬眠中醒来，坐在方向盘后面，设备都搬上了车，大家再度上路，留下老妈，穿着穆穆袍，清洗碗碟。

谜团一旦解开,就再没人关心了。可迪伦这个谜团永远无解,故而魅力不减。新年到,旧年走,周始往复,迪伦神秘依旧。这人到底是谁?

新罕布什尔大学：纽沃斯这帮黑帮朋克乐队比以往更精壮了。斯蒂维·索勒斯的《甭怨我》，T骨的《陌生的爱》还有斯通纳的《虚耗》。试问有几支乐队能把这么多创作型才子从不同的地方汇聚到一起？乐队里每个成员都能拉出去组成整个乐队，大家也确实都有自己的乐队，心照不宣罢了。接下来，漫游的杰克出场，水晶般晶莹剔透的假声立马把你带到空旷无垠的大草原上。漫游的杰克献唱两首《早安，船长》，《超凡牛仔》，再接下来就是迪伦出场了，脸上抹着白粉，唱的歌是《不是我》。迪伦故意打乱歌曲原来的节奏，尾音拖得老长老长，简直让人担心他会一口气上不来。迪伦从来不会老老实实就着伴奏唱，可到最后一刻又能收回来和伴奏音乐汇合一处。不知何处传来经典乡村音乐声，只见迪伦一把抄

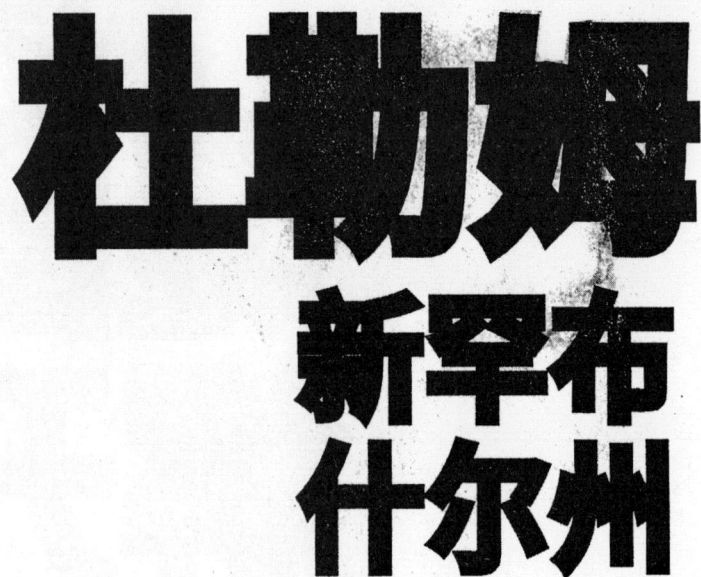

杜勒姆
新罕布什尔州

起他那把橙色芬达电吉他,为观众重新演绎一曲《威廉和金格》,中间夹杂着曼斯菲尔德曼妙的曼陀林伴奏声。接下来迪伦又唱了一首《杜兰戈》,表示要把这首歌献给电影导演萨姆·佩金法,只见他手中的电吉他诡异地颤动着,此刻迪伦已化身为一位海地驱魔舞舞者,一只手紧紧按着头上的帽子,仿佛生怕一阵大风刮来把帽子给吹跑。迪伦简直造出了又一具身躯,亲手把这副皮囊扔到天花板上,挂在橡子上晃晃悠悠。这时斯通纳加了进来,给迪伦和音,歌曲的6/8拍干脆利落,有点像古时候的乡村提琴曲。斯嘉丽·里夫埃娜在小提琴上拉出一连串高音,看那架势,仿佛要把一根线缆穿过鱼叉末梢的小孔。麦克奎因唱了首60年代的经典热门歌曲《八英里高》,贝兹在麦克奎因身边,以坐姿为歌曲伴上布加洛热舞。满头黑发飞舞,真怕会打上结。麦克奎因一曲完毕,贝兹也站起身来,为观众献上一首《维吉尔·该隐》,同时也把这首歌献给"今天早上我遇到的一位垂钓男子,还送给我两只龙虾"。迪伦再度登台,这次胸前挂了枚亮亮的钻石耳环,唱的是《命运无常》,一边唱,一边用脚上的牛仔靴的后跟狠狠地跺着舞台。我看着这只脚,动作是如此精准,发出的声音向下散入大地,向上沿着迪伦的身体扩散,融入歌声中,再经由麦克风喷射到场馆的各个角落。一个念头如一点星火从心头闪过,这仅仅是流行音乐吗?不,远不止于此。更接近了古老的典仪。我想到印第安人霍皮族的蛇舞,其核心思想是舞者是这个世界的信徒,向另一个世界的神灵发去求救讯息,那个世界在大地之下,住着蛇神。起到灵媒作用的就是舞者的脚,舞者以稳定的节奏用脚重重跺着大地,大地的震动向居住于地下的神灵传递着人类的讯息,若是神灵感到了震动就会满足人类的祈求,通常会带来一场雷雨。这不,"滚雷"声已隆隆响起。

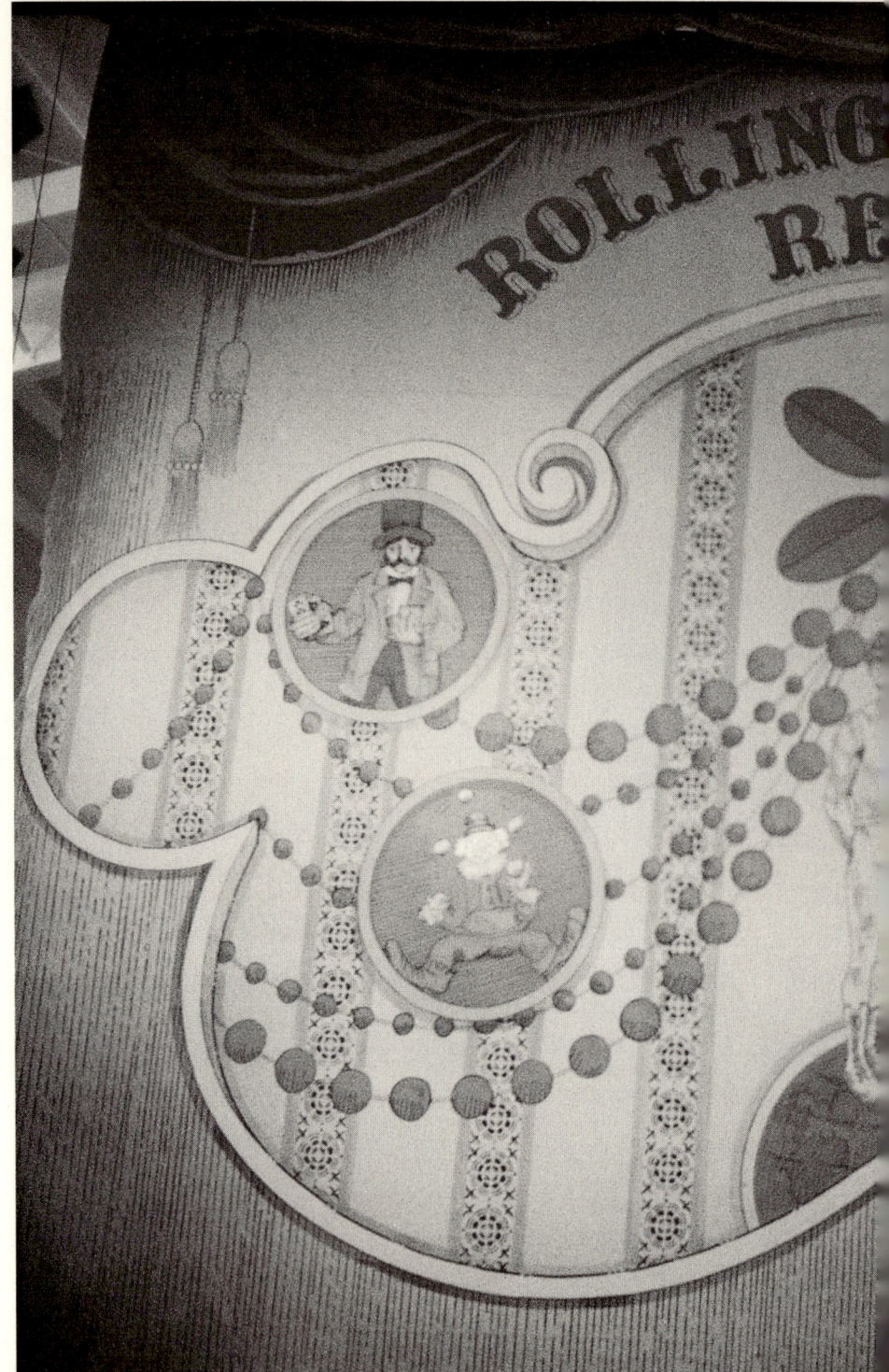

许多美国早期英雄都是"吹"出来的。什么保罗·班扬,什么佩科斯·比尔,这些充满神秘色彩的家伙大多出自荒诞不经的"传奇冒险",可谓是大男子汉、亡命之徒和超人三者的结合。佩科斯·比尔凭一双肉掌就挖开了格兰蒂河的河岸,保罗·班扬能徒手拔树,更能一口气把一湖水喝个见底。当然,这些家伙都是虚构的。后来有了真实的人物,比如说杰西·詹姆斯、比利小子、米奇·弗里,野牛比尔,各种故事开始在这些人物四周聚集,主要是因为当时美国东部与西部之间巨大的通讯阻隔,当时美国东部沿海地区已是循规蹈矩,西部却依旧蛮荒野性,一望无际,是一片神秘的土地。东部对西部的混球们是既害怕,又着迷,一心想知道多些,西部也乐于向东西源源不断地输送各种英雄传奇,其中事实原本就不多,更不知用多少想象的花团锦绣层层包裹起来。人虽确有,事却大都不符其实,无非是编造出来以填满东海岸越来越大的胃口。咱们美国人一直就好这口。时至今日,信息传递已发展到脑信号远程运输的水平,可我们心中依旧有着大片情感空白需要填补,跟过去没什么两样。和英雄相关的种种信息究竟是真实可靠,还是凭空捏造,其实我们并不太关心,我们就是要信,即便有了所谓"去神运动",可某些人物的光环还是把我们给晃得头晕目眩。瞧,那人做的不正是咱们自己一心想做的吗?大家都知道自己想做,可出于种种原因就是没做成。那人是英雄?不是英雄?仅仅是个普通男人或女人?反正不是你我。那人做的事发乎自然,浑然天成,咱们也有那样做的欲望,可欲望蛰伏于心底,没能实现,只有种子,却没能发芽生根。于是大家一齐把巴掌都拍红了,大声说:"瞧,往上瞧!瞧他做的,代表了全人类。"他在做,为我们大家而做,做得比谁都强。在这个具体方面,没人能走在他前头。严格地说,这不叫崇拜,更应该叫启示,就像看着威尔特·张伯伦把球投进篮筐,轻松地就像拿碗装饭一样。他所做的简直超出了可能的极限,可他偏偏就做到了。

英雄何处觅？

★★★★★★★★★★★★★★★★★★★★★★★

85

康拉德

迪伦:读过康拉德的书吗?

我:没读过。

迪伦:值得一读。

　　　(长时间沉默)

我:你读书多吗?

迪伦:读过一些。

我:一直读书多吗?

迪伦:一直读一点儿。

我:书打哪儿来?

迪伦:都是别人的书,上别人家书房,什么书都有了。

观众

音乐会观众都长着同一张脸,表情兴奋,双目圆睁,因远方的信息源而激动不已,仿佛在实验室中接受实验。观众们看着、听着舞台上的动作声音,仿佛那一切是另一个看不见、听不到的世界的镜像。舞台上是唯一安全的空间,迪伦说只有在舞台上他才不会感到孤独。在舞台上,自由自在地施展魔法,那时没人能碰他分毫,没人能蹓蹓跶跶从他面前走过,仿佛他不过是街上偶遇的路人,却又刺窥他的智力和情感,刺窥他的血肉肌肤。他在舞台上时,观众们只能做一件事:想象。迪伦究竟是怎样一个人?他的力量从何而来？他是人还是神？什么样的人能像他一样？硬拉着脖子，嘴上架着口琴架，身子不断从一侧向另一侧摇摆，两只脚一齐踏着拍子，那双破旧的棕色牛仔靴此刻看起来更像是乌鸦的两只脚，上面的却长了一双秃鹰的腿。不一会儿迪伦又化身为公鸡，一只争强好胜的短腿斗鸡。跟身体相比，迪伦的脑袋显得有点大，脸上抹着白粉，双肩高耸，仿佛一位轻量级拳击手。牛仔裤宽大的裤筒从他屁股上垂下，只见他向后迈着舞步，步入黑暗之中，从观众的视野中完全消失，藏在黑大个罗布·斯通纳的旁边，接着再度步入灯光之中，走到麦克风旁，时间拿捏得恰到好处，多一瞬则过，少一瞬则不足。换作其他歌手，不管哪一位，都肯定演砸了。此刻迪伦演奏起一支吉他小调。他手中吉他从哪里来？刚才手里还空空如也，怎么凭空多出了一把吉他？震动、兴奋就这样席卷观众，观众甚至自己都不自知。口琴声刺破空气，仿佛来自另一个迪伦，鬼魅迪伦，迪伦简直把口琴给吹活了，仿佛舞台上多了一个人。观众席早就开了锅，口琴声中浸透着寂寞和勇气，听了让人肃然起敬，深深刺入现场每一名观众的灵魂之中。演唱馆的顶篷这会都快炸飞了，观众产生的巨量化学物质喷薄而出，弥散入冰冷的夜空。一个星期前，某位观众可能还在自己的卧室里四处蹅摸，想抄出点余钱买张演唱会的票。这会儿，魔法师就在他眼前，可真正看到魔法师的已不是眼睛，而是心。那是一颗一直以来观众们苦求而不得的心，这一刻，魔法师用手轻轻一指，顿时让观众们看得清清楚楚。魔法师嘴里还衔着口琴，镀铬的琴身在灯光下闪闪发光。

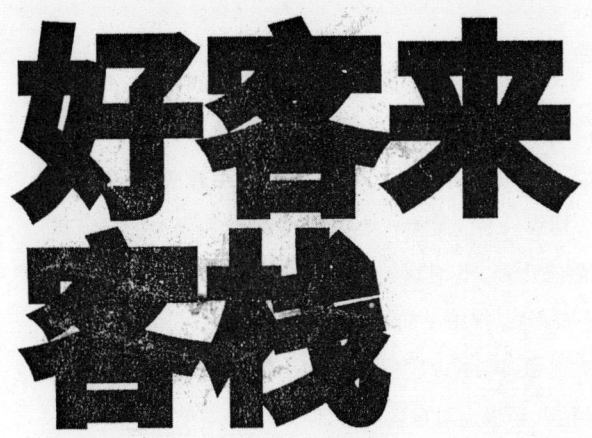

好客来客栈

★★★

大家都挤在一间小小的屋子里，门口挂个牌子，牌子上写着"游戏室"。人人都挤了进去，仿佛那儿是避难所，我们则是难民，琼尼·米切尔光脚没穿鞋，盘腿坐在地上，手里拿着笔记本写着什么，微咬下唇，目光向里克·丹科投去。这一刻，里克正用两个膝盖用力顶着一部弹球机，两手张开，双拳紧握，猛砸机器的两侧。玩气垫撞球的都玩疯了，扁平的球板从撞球台上飞了出去，正落在桌球台上。人人都玩得兴高采烈，要分个高低上下。近来我们不断困在类似的汽车旅店中，到最近的地方都有好几英里路。不开车就彻底与外界隔绝了，哪怕走出去买包烟都没门儿。之所以找到这种地方落脚似乎是出于安全考虑，可没过多久一种"隔绝感"开始影响到团里的每一个人。音乐会大都在城里开，散场时观众热度依旧不减，冲入场外寒冷的大街，我们一行人则悄悄溜出来，乘上没有任何标记的车，简直就像做间谍一样。车载着我们穿过弯弯曲曲的背街小巷，停下时，眼前又是一座混凝土预制件搭成的建筑，而上一个演出地点有时已在60英里之外。这种"打一枪换一个地方"的风格真会影响到大家的心理，"外面的世界"变得陌生起来，不那么真实了，仿佛那一切也只不过是另一处赛场，另一个联赛中的一场赛事。有时你感到在上面，有时感到在下面，也有时感到在旁边，可就是不会感到在里面。报纸上的标题仿佛是高墙另一边透露过来的信息，甚至对巡回演唱的专题报道也不例外。所谓新闻写作的全部秘密不就是钻入到报道对象的内心世界中吗？与世隔绝的感情然后吞噬了一切，甚至到餐厅吃饭点东西都和常人不一样，总感到身边某种东西暴露于公众目光下，甚至连服务生都能感受到。有时会感到自己体内某种东西在膨胀，仿佛可以嗅到傲慢无礼、盛气凌人的气息；也有时候像泄了气的皮球，整个人陷入抑郁消沉之中。此时真想跟服务生一起走进餐厅厨房，洗洗碗，涮涮碟子，有时甚至想跟那个服务生一起下班回家，跟服务生的老奶奶一起坐上沙发上看看电视。做什么都行，只要让自己感到回到"平凡日子"中就行。游戏室在长廊深处尽头，桌球台上撒满了钞票，都是20美元一张，乒乓球都打到墙里去了，保镖和巨星在乒乓球桌前捉对厮杀，一决高低，两边都有人下注，赌自己这边会赢。屋内一角聚了几个人，在打扑克。突然间，所有人向电梯间涌去。又一场音乐会。又一场黑夜马拉松，向着晨曦奔跑。

红眼病

咱们的首席摄影师**戴夫·米尔斯**的右眼得了结膜炎，戴夫自己肯定痛得不行，可在乐手们看来，这个摄影组就更像小丑团队了。从摄影一开始，摄影组就接二连三把事搞砸了，有时真怀疑自己是不是在看老瑞和哈迪的滑稽表演。只见一群印第安打把式卖艺的由西部远道而来，清晨时分为人们献上一出特别表演，这群印第安人就叫"滚雷"。这是为了电影设计的一个桥段。团里的大歌星都要加入到这一段中，还特别提醒了摄影组到哪里找外景。摄影组打来电话，说外景找好了，是座迪士尼风格的大厦。"一眼就能认出来"，就在高速公路边。可车开过去，大家都傻眼了，一眼望去，路边全是迪士尼风格建筑，摄影组找了整整一个上午，也没能找到原先联系好的外景拍摄地。还有一次，大家顶着夜半刺骨的寒风赶到一处仿建的朝圣者村落，可到了那儿才发现村里没通电，没法用照明设备。大家头顶满天星斗，寒风中瑟瑟发抖，生怕会染上肺炎。巴里·莫姆霍夫都气疯了，大喊："你们在挑战我的原则。这种事要再有第二回，我就取消整个拍摄计划。我的耐心已到了极限。"

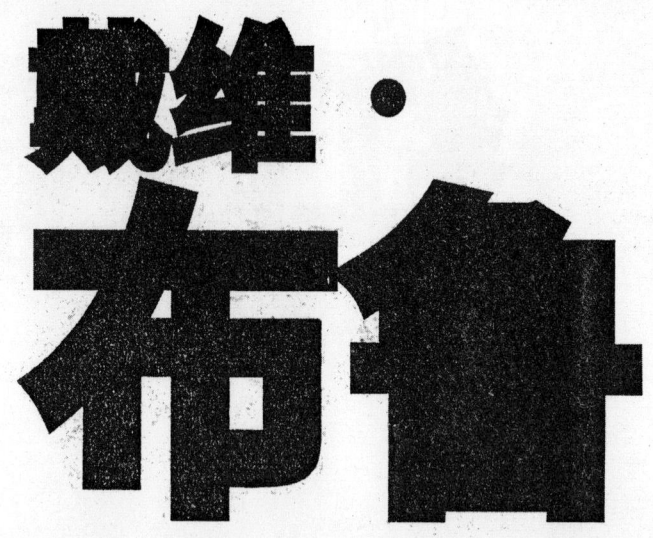

戴维·布鲁

巡演期间，戴维·布鲁时不时会和我们汇合，加入到演出中。 戴维自己也正在南部搞巡演，可只要日程安排上有间隙，就会飞过来。布鲁一身条纹西装，像个黑帮成员，目光散乱，声音嘶哑，脖子上的围巾皱皱巴巴，给人的印象是此人想要恢复健康，健康却依旧离他很远。吃早饭时布鲁连珠炮般说个不停："唉，星迷可比你厉害，能把你一口活吞了，模仿你的风格，再拿来对付你。知道吗？到尼亚加拉大瀑布时，迪伦夫人莎拉也会来。想见识见识真正重量级人物吗？到时候就看莎拉和琼尼·米切尔的对手戏了。肯定能拍出点彩来。莎拉气度不凡，表演堪称重量级，不过现在米切尔才是真正的女王。等着瞧吧！就看她俩在镜头前一决高下。"

可实际上莎拉和米切尔没能一起出现在镜头前，至少我在的时候没能。有那么一会儿，有人出了个点子，让她俩演塞壬海妖，所有男人都匍匐在她俩脚下，可这个点子并没有付诸实施。影片中有一段两人一齐出场，装扮成拉客的妇女，贝兹也在镜头里，可我也不清楚这一段是什么时候拍的。

电影
计划拍摄
桥段

拳击赛（莱姆霍夫对坎普）
货运列车车厢中（迪伦和杰克·埃利奥特）
姐妹重逢（贝兹和布雷克利）
杰克·埃利奥特（话说过去十年）
巴洛斯——杂志拼贴（和迪伦一起，波士顿）
爱伦·坡——《乌鸦》（迪伦，波士顿）
怀思——演奏繁音节拍钢琴曲（"滚雷"幕布前）
麦克奎因——给妻子打电话
高尔夫球场——全体
《阿拉巴马之歌》——全体大合唱
桌球室——迪伦
感恩节晚餐——全体室外聚餐
打扑克牌——乐队成员
跑马（漫游的杰克等）
拜神（斯嘉丽、贝兹、罗尼）
斯嘉丽——林中小提琴独奏
原声乐器彩排——乐队
奇迹
金斯堡——教室——向诗人教授诗歌
资料片——巡演团成员如何结识迪伦/纽沃思
聆听——金斯堡、迪伦（聆听并为声音命名）
金斯堡谈宗教
漫游的杰克谈各式各样旅行——乘船、乘卡车、骑马
即席表演——金斯堡、迪伦、纽沃思
金斯堡率全体成员冥想
高速公路——搭车
钓鱼
开卡车——杰克·埃里奥特
约翰·怀克斯·布思——斯蒂夫·索勒斯（后台）
纽沃思/迪伦
杀手老鹰——纽沃思
"暴风"文章
琼尼·米切尔
萨科——凡赛蒂
甜甜圈店——迪伦
斯嘉丽在阁楼
拿破仑
巴洛斯——跟拍（"破坏者们"）
《秋日雷声》

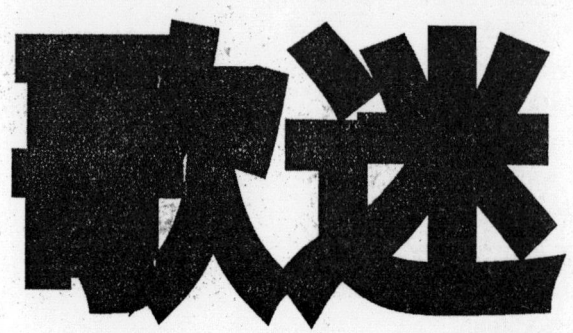

歌迷

歌迷比手中有武器的人更危险, 他们追的东西看不见,摸不着,某种想象中的东西。要是对面人手里拿把枪,至少自己还知道面对着什么。

去洛威尔的路上

金斯堡坐前排副驾驶位。会开车的人坐副驾位和不会开车的人坐这个位明显不同,金斯堡不会开车,侧着身子蜷在座位上,几缕黑色卷发挂在额前,已略见灰白,随着车辆的颠簸上下抖动,头低垂,膝盖上摊开着一本凯鲁亚克的《墨西哥城布鲁斯》,脚边散落着好几本凯鲁亚克的其他作品——《萨克斯医生》、《科迪的梦》、《达摩流浪汉》,作品中描写过的地方也都是我们计划要去的地方。公路边已能见到洛威尔镇的身影,第一印象和浪漫两个字实在是差了十万八千里,黑色的建筑,皮包骨头,冒着黑烟,火柴盒般的板房层层叠叠,小公园里垃圾遍地,体育馆外墙泛着恶心的棕黄色。车一个转弯下了高速,金斯堡一路说个不停,时而凯鲁亚克,时而他自己的童年。我们的车后面有辆车尾随,车里坐了个《滚石》杂志的记者,开车的杰克玩了几个漂亮的神龙摆尾,那辆车没影儿了。车在尼克餐厅门口停下,这是凯鲁亚克的妻弟尼克·桑帕斯开的酒吧,看上去有些破旧。餐厅里今天一下子冒出了好多警察,据说为某位市长竞选人的竞选活动维持治安。也可能是竞选州长,还是别的什么。个个都是大肚啤酒汉,目光犀利凶恶。正当午时,酒吧里人人怡然自得,酒吧墙上贴着墙纸,午餐是意大利面和蒜味面包,真是异常嘈杂，简直能把乡下汉都吵死了。一切都为我们准备停当了，桑帕斯兄弟热情接待了我们。尼克·桑帕斯体型敦实，就像匹夸特赛马，跟你说话时嗓门特大，哪怕你就站在他身边，也好像你站在屋子另一边。尼克的兄弟托尼则截然相反，个子高瘦，语声轻柔，不知怎么一看到他就想起威廉·巴洛斯。托尼一根接着一根抽着烟，向我们讲述他记忆中的凯鲁亚克。餐厅墙上贴满了一次性彩照，大多是各地风景，其中不起眼处夹杂了一张凯鲁亚克和一个姑娘的合照，就在餐厅里拍的，拍摄时间大约在凯鲁亚克去世前一个月。照片中凯鲁亚克醉得够呛，脸有些浮肿。尼克兄弟为我们每人端上一大盘意大利面，还有啤酒，我们把想去看看的地方一一报出来，托尼微笑着听，仿佛每一个地方都勾起一段特殊的回忆。

　　大家一齐上了托尼的旅行车，车里暖风打到最高档，向公墓驶去。开到半道，托尼摸出一盘磁带，对我们说："酒吧里录的，到现在除了家里人还没人听过。"托尼把磁带啪的一声塞入卡位，车里顿时响起了凯鲁亚克的声音，仿佛他的鬼魂穿越了时间向我们娓娓道来。金斯堡嘴角泛起一丝笑意，就在这旅行车狭小的车厢里，就在他自己的故乡，凯鲁亚克沙哑着嗓音跟我们海阔天空胡侃起来，话题换个不停，一会谈到牛仔歌曲，谈兴起时还以手拍膝打着拍子，一会又扯到火车、醉酒、列车司闸员、加利福尼亚。"夜半幽灵，可待因够劲，赛马骑师都坐卡迪拉克车，地里种的都是土豆，圣塔·克拉拉山谷，摩根山，回忆过去，水泥厂，看上去像卡夫卡的小说，大片生菜田，只能买架小飞机了，往里面灌满蛋黄酱，飞上天然后洒下去，上高中。"车猛地一拐，穿过一道黑色铁门，驶过墓园，又有新墓穴在开挖，石碑上刻着古老的名字：麦荷尼、欧可菲、基尔马腾。在刻着"提–让"的墓碑前大家停下脚步。

洛威尔笔记

儿童王国
家乡——纯真
根——萨克斯医生——先知的起源
语言
生死同一地
重生
生后事——阴间
梦想外面的世界
逃向大世界
回到小世界，安全
大难不死
走向宗教
迷信
天主教
宗教/恐惧
旅行避难
安布鲁斯·比尔斯
拉夫卡蒂欧·赫恩
出口成章
神迹

洛威尔造访地名

墓园
图书馆
高中
钢铁厂
浸礼会教堂（圣人能救我们吗？）
圣穆迪大桥
纺织厂
孤儿院
岩洞
城堡（萨克斯医生）
出生地
尼克餐厅
桌球室（赌得很大——灵魂和歌唱罪恶）

墓前吟唱

十月，洛威尔

金斯堡吟诵起凯鲁亚克生前最爱的几句莎士比亚十四行诗：
你是这飞逝年华中的快乐与期盼，
一旦离开了你，日子便宛若寒冬。
瑟缩的冰冷攫住了我，天色多么阴暗！
四望一片萧疏，满目是岁末的凋残。

此刻与凯鲁亚克去世时时令相仿，树枝光秃裸露，地上覆盖着一片片落叶，随风飘走。迪伦和金斯堡双腿交叉低蹲，面前是一方小小的大理石石碑，半埋在枯黄的草中，上面刻着：

小杰克，约翰·凯鲁亚克，生于1922年3月12日，卒于1969年10月21日，他热爱人生，妻子斯泰拉，生于1918年11月11日

迪伦拨动起手中的吉他，金斯堡则摇动风琴，音符飘散过墓园草坪，不一会就汇聚成一首忧伤的曲调。两个人你一句我一句交替吟唱出歌词，不一会金斯堡就即席创作出一首完整的诗，献给大地、天空、岁月；献给凯鲁亚克、人生、音乐；献给旅行中的人，最后也献给美国。我站在两人前面，尽力忘去这两人叫什么名字，有过什么成就，只是把他俩看成面前两个人，这两个人与普通人似乎没什么两样，可心底里有似乎有着不为人知的追求。两人方方面面都那样不同，可在一起偏又那样和谐。两人看上去都那样生机盎然，为逝去的和活着的一切人吟唱，就像现在这样，坐在土地上，脚下是逝者的骸骨，头顶是苍天大树。

迪伦的手

惨白、布满皱纹，小指上两个指节凸起，长长的指甲在口琴上跳动，仿佛节肢动物。从这双手上更能看出迪伦都去过哪儿，他的音乐怎样。古老，简直吓人。这哪是人的手！

迪伦、凯鲁亚克和金斯堡

马萨诸塞州洛威尔，天主教岩洞，小山顶上竖立着巨大的十字架，俯视山脚下孤儿院的操场。小山背后，河水蜿蜒穿过穆迪大桥的桥洞。迪伦仰首望了望十字架上耶稣的面容问道："能为这人做点什么？"十字架旁的玻璃柜中陈列着一组耶稣受难塑像，一群孩子刚放学，说着葡萄牙语，从玻璃柜旁一拥而过，冰冷的空气中回响着孩子们的话语声。一个上了岁数的法国人跪在蓝色圣母像前，肥粗的手指转着念珠，金斯堡和迪伦在一个岩洞中点起祈祷蜡烛，摄影师尾随他俩拍摄，一直拍到操场上。操场上到处是小孩子，仿佛一群群嗡嗡乱飞乱撞的昆虫，篮球从他们头顶飞过。这些孩子来自伏都教文化，乘着船，从广阔无垠、阳光灿烂的大洋来到阴冷苍白的东海岸。也有些孩子来自富裕点儿的家庭，来自曼哈顿，来自天主教文化。宿舍在六楼，洁白的小床排得整整齐齐，中间留下窄窄的过道，墙上刷着绿漆，到处挂着十字架，洗脸盆和蹲便器都小一号。几个修女走入镜头中，向空空的宿舍走来，身后跟着一个大胡子男人，那男人走得很慢，双手抱在胸前。飘窗窗台上坐着个男人，身形矮小，好像是个侏儒，目光注视着窗外。坐的坐着，走的走着，没有人出声，只有16毫米拍摄机转动发出的呼呼声。

★★★★★★★★★★★★★☆★★★★★★★★★★★★★★★★

★★★★★★★★★★★★★★★★★★★★

洛威尔马萨诸塞

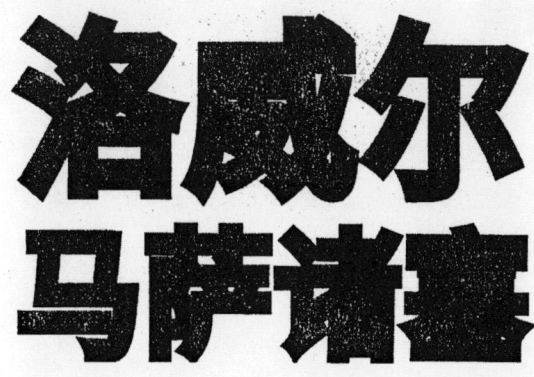

凯鲁亚克，斯人已逝。面对他曾经走过的小山，还有卡萨迪，还有其他人，生命就像是一场奇迹。生命在延续，不管遇到什么，还在延续，对死亡要心存敬畏，却也不必一味伤心。金斯堡和迪伦在凯鲁亚克墓前吟唱，看金斯堡，浑身上下透着活力、希望，仿佛得到重生，他是诗人，为此刻而吟唱，为今生而吟唱，为当下活生生的生命而吟唱。

死了的不知道。活着的知道。活着的拥有死了的思想。

凯鲁亚克，《墨西哥城布鲁斯》

创造者

迪伦创造出他自己，白手起家，也就是说，他今日的成就靠的就是当年他身边的那点东西，还有他体内的才华。连迪伦这个名字都是他自己想出来的。最重要的倒不是搞清楚迪伦是怎样一个人，而是要钻到他心里去，反正他也会钻到你心里来，干吗不钻到他心里去？他并不是创造自己的第一人，却是创造了迪伦的第一人，空前，也绝后。有时人们创造出身外之物，火车、飞机，那会怎么样？创造出来的东西是什么就是什么，或许人们觉得不可思议，因为从来没见过，可一下子就接受了,生活从此就改变了。人们可不会站在一边琢磨，这是个啥玩意儿？人们只会把它当作闯世界的工具。

当地一家垃圾报纸的记者叫来了两名警察,要把卢·坎普给抓起来,据说这名记者前一天晚上遭到了巡演团一名安全警卫的"不公正对待"。事情好像是这样的:这位记者当时一直在巡演团下榻的酒店外徘徊,想瞅个空子钻进来,凌晨两点敲响了一间客房的门,正好里面住的是贝兹。警卫要把这小子轰走,这小子则反告警卫袭击。从任何标准来看,卢的块头都够吓人的,凌晨时分脾气特别暴,双手插在皮夹克口袋里冲着那个记者一通嘶吼,几乎撞上了那小子的鼻子尖,差一点就把那小子从走廊拎到酒店大堂。紧急关头金斯堡冲了出来,冲坎普屁股踹了一脚,大喊:"打什么打?"瞬间坎普态度来了个大转弯,脸上挂起笑容,从记者面前退后几步,当时那小子吓得浑身直抖。两名警察站着询问了一会儿,做了些笔录,全然搞不清面前这伙人什么来头。金斯堡晃来晃去,嘴里念念有词诵着佛经,不远处巡演团的大客车正在上行李。最后大家都走了,只有两名警察和那个记者还站在原地,激烈地争论着什么。

山羊岛
新港
罗德岛

朝圣者的恐惧

★★★★★★★★★★★★★★★★★★★★★★★★★★★★★

朝圣者们不知道自己会发现什么,于是他们驾着大船向这片大陆驶来,换小舟冲上这里的海岸。可还是给吓出了屎。就算他们找到了自己想找的东西,还是给吓出了屎。这儿到处都是野蛮人,样子凶狠,赤身裸体。港口里藏着独眼海盗,看到朝圣者的船口水都淌下来了;丛林中潜伏着猛兽;各式各样怪异陌生的东西在朝圣者心中投下阴影,都是些根本想不到的东西。于是朝圣者们比以往更勤于祈祷,建起高墙壁垒,拖来长枪短炮,在一片荒芜之地上再建起欧洲。一切都可能充满危险,朝圣者们谁都不信,就算同胞也可以判为女巫,架上木柴活活烧死,私杀起印第安人更是眼睛都不眨一下,入夜后点起熊熊火堆,有一点动静就立刻扑上去,准备拼死一搏。天一黑,一切娱乐就要停止,连埋死人都要偷偷摸摸,专拣半夜三更,夜深人静的时候,生怕被"敌人"发现,从而暴露出自己的力量正在削弱。朝圣者的人数越来越少,港口没有新来的船只,人死一个少一个,可他们已抱定决心,要在这片土地上扎根下去,什么也休想阻止他们。地狱也好,洪水也罢,尽管来吧,反正是不挪窝了。不但不走,还要繁衍,扩张,可这时朝圣者们已忘了当初远涉重洋到这片大陆的目的。谁还要跟上帝对话?傻帽!现在生存就是一切,活着才是硬道理。

戏服清单

牛仔V领衫三件　　　　赖特·巴特勒一套

牛仔外套两件　　　　　斯嘉丽·奥哈拉一套

街人两人　　　　　　　邦联军军装两套

牛仔女郎两人　　　　　联邦军军装两套

舞厅舞女一人　　　　　天使装一套（包括翅膀、光环）

印第安女郎一人　　　　歌剧斗篷一件

印第安服一套　　　　　拓荒者装三套

巫师服一套　　　　　　法国女佣装一套

拿破仑一套　　　　　　苏格拉底一套

约瑟芬尼一套　　　　　纳芙蒂蒂（埃及艳后）一套

罗德岛

范德比尔特家族的老家。眼前是昔日权贵的遗迹,我们自己何尝不是一群新的流浪权贵呢?有时简直让社会给骄纵坏了。此刻的感受真有点不寻常。这儿有大把地方供杰克·埃里奥特拍戏,让他把不相容的元素硬扯到同一个镜头中,比如一身牛仔行头,站在豪华宫殿的阳台上,向下面一众劳工挥手示意。草坪如翡翠般碧绿,缓缓向大西洋的方向退去,远方是宝蓝色的海水,栅栏每隔一段就立着一尊塑像。贝兹的身影从栅栏后冒出来,只见她骑在名黑大汉肩上,黑大汉叫吉尼,是名保镖,要是谁有丰富想象,跨越种族鸿沟,肯定会觉得他和李小龙相貌颇有几分相似,眼睛甚至更有神。T骨正站在草坪上,拉开了架势开高尔夫球。摄影机在一旁转动,可他连挥四杆都没击中球,只激起一地泥土。摄影师走开拍别人去了,这次只见他挥杆,杆头画出一条漂亮的弧线,正中球心,球飞出去足有三百码。T骨一手扔了球杆,双臂张开,俯面栽倒在草坪上,啃了一嘴他自己敲出来的泥土。纽沃思想到了个超前卫的点子,趴在地上缓缓向镜头爬来,说是要找块石头。埃尔尼·伊格尔这次可算是坏了规矩,他打开摄影机,藏在腰间,然后到宫殿里逛了个遍。(参观者严禁拍照、摄影)有间乡村小屋,专门为范德比尔特家族的孩子们建的,这会儿我们让霍威·怀思站在屋前台阶上,两侧各有一具大理石雕的怪兽出水口。怀思头上戴着软帽,斜目而视,倒颇有几分阿瑟·柯南道尔笔下人物的风度。

这儿就是历史，这儿超越了虚构。悠哉悠哉，置身于这早期超级富豪的庄园中，想象着他们昔日从纽约港上了豪华游艇，悄无声息地把船开到这里茵茵绿草前的碧水蓝天。今天，一群小子在这里到处乱闯，腰里偷偷藏着摄影机，把昔日超级富豪家最秘不示人的地方也拍了个饱，富豪早已不知所踪。五十年后又会怎么样？这个问题搅得人脑袋疼。或许到那时这里只剩下熏黑的残垣断壁，默默讲述着此地曾经的历史与繁华。

★★★★★★★★★★★★★★★★★★★★★★★

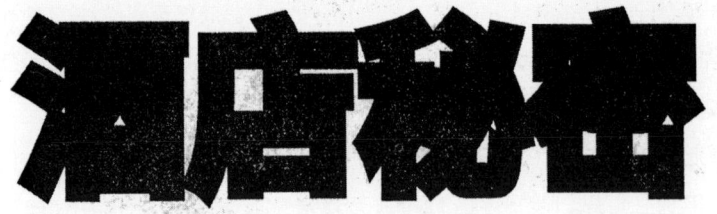

酒店秘密

用不了多久巡回团就形成了核心，也就是名人，虽然人不多，却可以聚拢到许多人。大家从世界经过，仿佛世界并不存在，又仿佛颠倒过来，世界中的一切按部就班，可我们并不存在。服务员上班、下班，回到真实生活中，回到家人身边，老爸、老妈、老婆、孩子、兄弟、姐妹，而我们只有坐着，坐在秘宝般的酒店房间中，嚼着螃蟹腿。

手舞足蹈

乐队演奏起一只慵懒的乡村曲调，很难说他们在排练，每个人都自得其乐。迪伦坐得远远的，嘴里嚼着块三明治，看着乐队，曲调一有变化，他就点一下头。其他几个人也散坐四周，嘴里吃着东西，手里玩着博彩机，赌注很大。加里已赢了一堆筹码，技术越来越娴熟，手指越来越灵巧，双手齐上，左右开弓，连游戏机都不是他的对手了。迪伦突然站起身，扔下手中的三明治，几步抢到一把吉他前，只见他迈开双腿，一屁股跨坐到椅子上，拿起颇为沉重的镀铬琴身，开始拨弦找调，要和乐队的演奏合起来。有几个人抬头望了迪伦一眼，但并没有流露出什么期望。毕竟夏威夷吉他并非迪伦的强项。乐队继续演奏，迪伦继续找音，可不是高了就是低了，于是调低了音量以免干扰到乐队的演奏，头越重越低，双目紧盯钢弦，仿佛要把这把吉他由外到里看个穿，仿佛一名修车师傅，发誓要把一辆外国进口小车的零件一件件拆下来。迪伦就这样苦练了十分钟，每一刻都充满期待，仿佛下一刻就能迸发出天才的火花，就能让这死物在他手中活过来。可最后，他长出一口气，身子朝后一仰，再度调大音量。接着就响起一串无规律的电子噪音。乐队分毫不为之所动，继续自己演奏自己的，只见迪伦一只手在琴把上上下下游移，另一只手猛拨琴弦，博彩机那几位还玩得欢，可博彩机声已淹没在不知叫什么的音乐声中，新英格兰爵士？摇滚？还是大杂烩？

康涅狄格丹伯里

这会儿我特想有辆车, 在丹伯里这样的地方,步行肯定是招人怀疑。路边鬼影都见不到,离城三英里处我就试着搭顺风车,可最后还是全程靠双腿走进城。路边有家药店兼卖餐饮,我在巧克力蛋奶昔前止步不前,柜台里的彩色电视正播放着新闻,对面是家枪械店。我跟店里的伙计攀谈起来,近来赛狗在新英格兰可是越来越火了。"康涅狄格又来了个新的,不过赛马的可不高兴了,这不抢生意吗?"店里的厨师把电视换了个台,屏幕上出现威廉·班迪克斯的电影。"别在这儿撒野,否则要你小子鼻青脸肿,"威廉说道。店里每个人都把脸藏在报纸背后,女服务员面无表情地抽着烟,看上去无聊透了。厨师拿起张赛马表。这日子也太悠哉了!三十年代?四十年代?都不是。

去了座仿古城镇，

见识见识"当年的样子"。

已入夜。野地里点着火堆，屋里简直滴水能成冰，地面肮脏。米克·朗森还一副摇滚派头，单衣薄衫，这会儿嘴唇都青了。鲍比·纽沃思居然找到一位昔日好友的兄弟，拖着他走过外面星星点点的磷火，那人身材高大，寡言少语，一副大胡子，穿得像个早期朝圣者。纽沃思赌咒发誓，说他这位兄弟拔枪最快，他动作实在是太快了，连拉斯维加斯都想请他去表演。明天他要在海滩上秀一手，看摄影机能不能抓住他的动作。这位老兄不仅是快枪手，更是惊悚小说家洛夫克莱夫特专家，更对新英格兰熟之又熟。没有哪个犄角旮旯他不知道的。

第二天，在海滩上见到了这位老兄。杰克·埃利奥特一个人困在了仿《五月花号》的主桅杆上，大家也没辙，只能让他先待在那儿。杰克连鞋都没穿，还冲着下面的人群挥手。大家走到一片石滩上，快枪手已做好了出枪的准备，摄影机架在约摸五十码外，镜头正对着他。快枪手摆开架势，大踏步向前，机器转了起来，只见他到了指定位置，猛然从枪套中抽出一把点四五口径左轮枪，可接下来发生的真是让所有人当场晕倒，这小子居然把该死的枪直接扔到地上。

迪伦尾随一名妇人上了街，那妇人肩上裹了条绣花毯子，背上背了部手风琴，嘴里轻轻哼着一首没人听过的航海号子，不一会儿声已不可闻。

42号街换脸

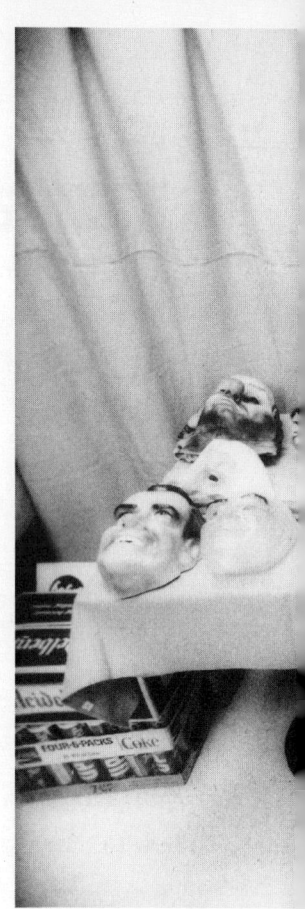

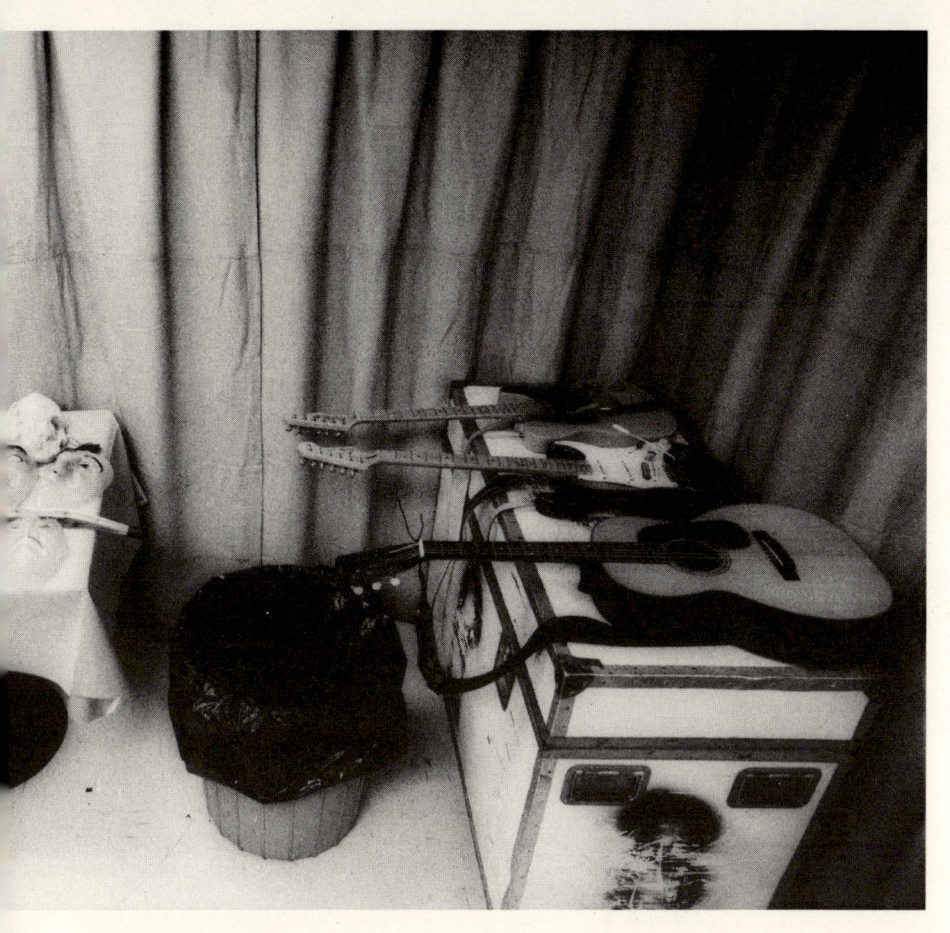

今晚迪伦戴了个橡胶面具出场, 面具是42号大街买的,所有人都惊呆了,人群上空笼罩着一片惊慌失措的宁静。"迪伦这是怎么了?又出事故了?刚做了整形手术?"要么这是大骗局。肯定找替身了!可歌声听起来倒也没什么不同啊?要真是个替身,倒也挺好。迪伦戴着面具唱了三四首歌,要吹口琴了,把嘴向口琴上凑了过去,想隔着面具吹,却吹不出声,于是拉下面具,一把扔到聚光灯柱中。大家都看到了,是迪伦,活生生,如假包换的迪伦。这脸换得可真绝了,有点吓人,虽然其目的倒不是要把观众给吓着。观众都看呆了,还没回过神来,台上的真是迪伦本人吗?

探索

所有大陆都已发现，南美洲某些部分或许尚未进入人们的视线，可这片大陆早就发现了。每一寸土地！如今只有向内心进发了。新宗教，冥想。外太空怎么样？太昂贵了，而且让政府和大公司把持着。咱们这道"滚雷"能落向何方？要说这不过是以迪伦为首的一次巡回演出，和其他假日演出没什么两样，未免过于简单，太多因素推动着这轮巡演向着不可预见的方向前进。或许当初这轮巡演的初衷并非探索，可每个成员都带来一些东西，最终把巡演向探索之路上带下去，拉都拉不回来。每个成员都带来了自己的经历，最后有了这样的结果。金斯堡在美国各地走动已不下四十年。目送过自己的密友舍尘世而去，也曾坐在焦黑冒烟的尸首旁思考，他出现在巡演团中可不是搭个观光便车。贝兹在河内时有晚经历了最猛烈的空袭，整晚躲在个弹坑里，也曾参加过向五角大楼进发的反战大游行，至今坚信和平的力量，对自己的"公众形象"不屑一顾，仿佛那根本就不是她自己的。迪伦这些年也没蛰伏。能有什么故事？在这些人的个性和魅力背后，潜伏着什么东西，仿佛大家嗅得到，可就是摸不到。也必须这样，才能把探索坚持下去。格雷高里·科索曾把诗歌描写为"神奇探索"。科索说："诗人什么都要接受。"如果诗歌具有转变情感的魔力，音乐又何尝不是如此？同样，也只有半道上摸着黑才能发现音乐，实际上是自己发现了自己，音乐也好，诗歌也好，不过是各诗人或音乐家来昭显自己。迪伦帮助他人的同时，也帮助了自己，彼此间感情日渐深厚。

贝兹和迪伦

著名舞台小姐妹

希夫提·雅克·列维许多年前创造出一种颇为有效的舞台小把戏，曾至少一次在百老汇掀起一阵旋风。这个小把戏仅仅靠声音和影像，却可以让现场所有观众都惊掉下巴，具体过程是这样的。迪伦在舞台上完成第一轮表演，到后台去抽根烟，纽沃思上台走到麦克风前，向观众预告下面是十五分钟中场休息，和一般城里演唱会的休息没什么两样，不过这里的观众纷纷退场去放水，而城里演唱会的观众则留在原地，大嚼五美元一根的卡伯利巧克力棒。十五分钟一晃而过，观众回到自己的座位上，突然整个演出的灯光暗了下来，观众们开始呼叫，可呼叫声却传来电吉他的声音，来自观众席某处，可究竟从哪儿来呢？歌声响起，有两个人，一男一女，观众静下来听，可还是听不清歌声来自何方。歌声更大，更清晰，是迪伦的歌声没错，可幕布还没有拉起，他究竟躲在哪儿？那个女声又是谁？刹那间，观众恍然大悟，原来是她。随着《答案在风中飘》的歌声，一长串60年代的影像在观众脑海中闪过：马丁·路德·金、首都华盛顿、1964、肯尼迪、伯明翰……幕布缓缓升起，后面站着迪伦和贝兹，如果说美国是部传奇史诗，迪伦和贝兹就是这部史诗的两个诗人。观众一下子就嗨了，根本就听不到歌声，迪伦和贝兹面对着如潮的欢呼、喝彩、掌声，仿佛两位默剧大师。上演着一场无声的演出。贝兹看上去棒极了，身材苗条仿佛一位体操运动员，一身黑丝绒装，闪亮的墨西哥黑发剪短了些，与迪伦配合默契，分寸拿捏之准超过任何其他与迪伦合作过的歌手，任凭迪伦怎样随意发挥，改变歌曲的节奏，把歌词时而拉长，时而缩短，贝兹总能如影相随，甚至根本不用去看迪伦的口型。默契已融入她的骨血之中。

生肉

时而有一种奇怪的恐惧感,观众会把迪伦和整个乐队给生吞活吃了,真的很可能,真的很担心。自己可能目睹这血腥一幕,想想就让人发狂。观众看起来就跟头野兽差不多,根本看不出一个个具体的人,而是混为一体,成了头茹毛饮血的食肉猛兽,发出的声音也像是原始巨兽的嘶吼。演唱会后,现场到处是压扁的塑料杯、砸碎的玻璃瓶,还有用牙撕扯成一条一条的布料。我加紧脚步向外走去,步入夜色之中。

尼亚加拉大瀑布

往尼亚加拉希尔顿酒店送了一大批安立药片, 足足值一百美元。送药来的是个小个子男人,头戴棒球帽,身穿长外套,脚下穿着高筒防水靴。每份处方都用白色的小信封装好,上面标明使用者姓名、剂量。医生早上来的,在一间专门为他准备的房间里,用他专门带来的注射器挨个为所有人注射药物,其实也就是维他命了。对我来说药物根本没用,再说这不过是维他命B的心理疗法。

这家酒店或许是我住的最糟的酒店,根本就没完工,不过据说完工后将是家超炫的酒店。到时候酒店实在是太炫了,不管什么时候入住拿钥匙,可以肯定地说,你根本就不会找到自己的房间。

康涅狄格，
纽黑文，
11月13日

★★★★★★★★★★★★★★★★★★★★★★★★★★★★★★★★★
帕索里尼被杀上了报纸。
★★★★★★★★★★★★★★★★★★★★★★★★★★★★★★★★★

他向小伙子的裆部摸了一把，可把小伙子吓坏了。 小伙子才17，把他揍了个人事不醒，可不知他是谁。只知道自己揍了个老变态，揍完上跑车一溜烟跑了，车轮正好从帕索里尼头上辗过。纽黑文城里找不到一样真货。两场演出，票都卖了个精光。人满为患，都是大学生，来一睹自己心目中的先知。纽黑文和纽约近在咫尺，演唱会吸引来了不少大腕，像阿尔伯特·格罗斯曼，比尔·格雷厄姆，帕蒂·史密斯，最后这位现身时那一身打扮活像个日本战国时代的武士。琼尼·米切尔也从沿海飞了过来，在浴室里调音。迪伦就像块磁石。不单能把人聚拢在自己身边，而且聚拢的个个都是超级巨星。只要迪伦开口，谁会拒绝他？就算耶胡迪·梅因也会毫不犹豫地加入进来，只可惜巡演团里已经有了位吉卜赛小提琴家，纽沃思上蹿下跳，仿佛一只中了毒的猫，一会拿起食物啃上一口，脸上的妆混合着汗水沿着眼角往下滴，在后台紧张压抑的气氛中，不时发出一两声怒吼。纽沃思此刻的心情我深有体会，乐手们无论是谁，都应该先有点空间，透一透气，然后再蹿上台，唱啊蹦啊跳啊几个小时，把台上的陌生观众逼得发狂发癫。情不自已。一个人能把那么多人的情绪推上峰顶，他自己付出的精力肯定也小不了。后台人越来越多了。

★★★★★★★★★★★★★★★★★★★★★★★★★★★★★★★★★

琼尼米切尔

米切尔出场简简单单,没有任何花招噱头,就一把木吉他,一顶贝雷帽,外加几句话,可每次她一出场观众就嗨了,简直要着火冒烟。米切尔站在台上,做出给吉他调音的样子,其实她手中那把吉他早就调好了,一直等到观众安静下来。米切尔的名字原本没有出现在演出单上,看到她露面着实让观众们又惊又喜,情绪亢奋点也情有可原,不过还有一些更重要的东西,观众们倾心聆听着米切尔口中说出的每一个字,她的音乐温和平实,毫无狂躁惊人之处,可歌词别有一番魅力。简直是一种神秘的魔力。"我满脑子疑问,左右为难,饥渴,饥渴,饥渴。"米切尔似乎在歌词和节奏中融入一种独特的爵士风格,把观众们捧得神魂颠倒,忘乎所以。

车程450英里

纽黑文两场音乐会结束了,大家凌晨一点上了大客车,目标尼亚加拉大瀑布,车程450英里。保镖吉尼在车上嚷嚷开了,要是不给他找张能躺下来的铺位,他就挤到别人的铺位上去。团里一个会计姑娘答道:"来挤吧,我可不怕,小时候咱家一张床上睡我们姐妹四个,外加两个哥哥。"说完,这姑娘侧了侧身,吉尼庞大的身躯挤了上去。咱们坐的大客车是灰狗客车的改良品种,团里至少有一半人可以把身体放平躺下,前面传过来火鸡肉三明治和橙汁。客车迎着刺骨的寒风疾驰,金斯堡手里拿了只口琴,时而随口吹出几个调子,时而在柴油发动机低沉的伴奏声中吟诵上一小段布莱克的诗句。朗森上车时穿了件浣熊皮大衣,这会儿正忙着把大衣脱下来。凌晨四点遭遇暴风雪,车速渐渐慢了下来,司机停下车,喝杯咖啡提神。此时此刻,我又回忆起往日的流浪,一桩桩一件件瞬间涌上心头,参见巡回表演团,在新教教堂祭坛上表演,晚晚睡在陌生人家的床上,清晨收拾行装,再度上路。这种居无定所的生活让人感到冒险,刺激,就算咱们流浪的范围仅限于新英格兰,依旧如此。车载着大家向着地平线的尽头,向着水天交接之处驶去。破晓时分,车靠在一家荷—琼餐厅旁停下,大家下车吃早餐。早餐有面包圈,还有咖啡,可颜色更像是茶。当地顾客看到朗森个个目瞪口呆,只见朗森涂着深深的蓝眼影,一头金发抹了好多发胶,根根挺直,身上的浣熊皮大衣裹得紧紧,简直就是玛琳·黛德丽再世啊!贝兹倒是活蹦乱跳,精神头十足,仿佛到佛罗里达度假一周刚回来,爽朗的笑声仿佛要刺破餐厅的塑料屋顶。只要想想,咱们可不会永远困在这偏远地方,心中已觉释然。

排队吃饭

客车乱账

欠梅尔 20 块
房间：817——戴维·梅尔斯
909——拉里·约翰逊

波卡塔克镇
法尔茅斯市
陶顿镇——R.R.4（狗道）

凯鲁亚克手稿（在他哥哥手中，也可能保存在银行）
圣让·巴普蒂斯特
"恶魔咒语"
"幽灵证据"
坐在柜子上
"怪物诞生"（和魔鬼乱性的产物）
"常见巫术"
信使勾结
猫鸟

布里奇里，沙勒姆主教（被判行巫术，1692 年处绞刑）
五月花号——杰克/鲍勃
普利茅斯巨岩——杰克/金斯堡
拍乡村篝火

炼金师
伪装
坡
梅尔维尔
罗尼骑在布鲁胸上
就像女人一样"
牧师（阴影，白发）
一决雌雄
"有些事无解"
"广播出了问题"

马萨诸塞：
斯多克布里奇

罗尼·布莱克利告诉我，她曾四次死里逃生，一次是水灾，一次是窒息，还有两次具体是什么我也记不清了。那天是我生日，我面前摆了三只蛋糕，一支巨大的钢笔，一只毛绒青蛙，还有杂七杂八的东西。据说此地是诺曼·洛克威尔的故乡，电影组准备在这儿拍洛克威尔与迪伦画肖像的一幕。这个地方的艺术气息还真浓厚，我们住红狮酒店，就是那个古老的路边客栈，床都是黄铜的，窗户外面悬着绳索，说是着火时供客人逃生用。房间里木地板翘得厉害，不知道还以为进了泰坦尼克号船舱，没有电灯，照明全靠蜡烛。酒店大门口警察捉住了两个小贼，两人想把酒店门厅的两把古董柳条椅搬走，警察小心翼翼地从贼车的后备箱中把柳条椅搬出来，放归原处，酒店经理站在一旁，边看边乐。

晚些时候，我和卢·坎普两人坐在酒店阴暗的餐厅中，旁边没有别人，咱俩在"密议"怎么才能把电影拍好。坎普的意思是把整个电影组炒掉，换大牌导演，科波拉或者奥尔森·威利斯。"咱们得用大牌名角，你懂得，"坎普说道。我并不赞同。

伯林顿
佛蒙特州

"一块巨大的暴雨云重重压在佛蒙特州的停车场上空,场内停了数辆大客车。某位怪癖枪械收藏家密谋在暴雨中运走某位神秘人物,或许此位神秘人物做上几个神秘的口腔动作,再跳上一段古老癫狂的舞蹈,就能把人大片大片地迷倒。也许吧,也许不。或许暴雨把一切边界都冲垮了,可没人关心天气,咱们这些人的想象力水平还真是奇葩。人人都是牲口,被赶往缅因州。"

——"瘦影",《斑马幻影新闻通讯》

少年之梦

来自佛蒙特一位没能买到枪的男孩

我看着迪伦, 迪伦就坐在沙发上,那种泛黄的填充沙发,边角都被狗啃烂了。里面填充料都露了出来。迪伦脚边放了个黄铜痰盂,侧着身子坐在沙发上,膝盖上横放了件大衣,哦不,是雨衣。我抬头望了望他,他长了一头黑发,油光锃亮,胸口有什么东西,绿色的,开始还没看出是什么,定眼一看,原来是一对乳头。绿色的乳头,上面还有图案,就像果冻模子印上去的,那时乳头就像是绿色的果冻,自己会上下晃动。迪伦叫我下楼帮他拿点东西,好像是吃的,可能是硬面包圈还是别的什么。没错,就是硬面包圈,还有干肉饼,你们叫什么来着,牛肉干对嘛?我起身想下楼,可迪伦又叫住我,看上去性感极了,好像在勾引我,于是我向他走去,可又有点害怕。我觉得他就是在勾引我。

爱伦·坡

联系上纽约下东区一位桌球手，据说此人扮演起爱伦·坡来出奇的像，巡演团反正要造访波士顿，大家觉得把此君请到波士顿的爱伦·坡故居，扮起爱伦·坡的样子，与迪伦来一次穿越相会，不也是个绝妙点子吗？于是把这人请到酒店来先展示一下他的才艺。此人走进门，大家眼前是个小个男子，头顶头发稀少，长相嘛不大好形容，随身携带了个小箱子，里面装着戏服。进了门，此人就到盥洗室换装去了，大家想是不是让巴洛斯也加入到这场戏中来，可以把巴洛斯、迪伦、爱伦坡三人的画面穿插剪辑，可巴洛斯坚持先拿钱，还有和迪伦共餐，好和迪伦正式认识一下，不答应就不来。迪伦不同意。就在此时，爱伦·坡出现在盥洗室门口，简直就像是死而复生，真是邪了门儿了。闪烁的眼神，黑色燕尾礼服，绣花袖口，浑身上下跟爱伦·坡一模一样，不过大家还是叫他背诵点爱伦·坡的东西，不要《乌鸦》，那太出名了，可此君前脚刚踏出盥洗间门口，《乌鸦》第一节已经出口，拦都拦不住。看他背诗的样子，仿佛完全被催眠了，又像是坡的鬼魂上了他的身，每个人都看得目瞪口呆，呆立在房间中一动不动，只有此君滔滔不绝，上演着这出足以令人发狂的模仿秀，真是让人浑身发怵，由心底里往外发毛，可摄影机又一次罢工了。等巡演团到了波士顿，拍摄工作乱成一团麻，也没能请此君正式表演一次。

★★★★★★★★★★★★★★★★★★★★

巴洛斯

金斯堡： 比尔·巴洛斯怎么样？我觉得在电影界巴洛斯堪称伟大。

迪　伦： 可他又能做什么呢？

金斯堡： 做他自己。

进入战区

我冒雨走在波士顿的人行道上,刚吃了一种古怪的药叫洛莫捏尔,这是种由鸦片提炼的药,主要疗效是治拉肚子,不过也有许多意想不到的副作用,包括延长色彩感知,提高忍痛能力,各种肌肉运动中增强决断力,大脑前叶部分还有点暖烘烘的感觉。我身边还有一位,此人叫斯洛曼,职业是《滚石》杂志记者,追起新闻来简直就是条不要命的疯狗,此人硬拖着我离开迪伦的演唱会,冒着大雨去找什么地下色情摇滚。咱们要去的地方可要比迪伦的演唱会环境复杂凶险得多,用斯洛曼的话说,就是进入战区。认识了斯洛曼,你才会体会到什么叫品味低下恶俗,这方面就算哈里·卡托卡斯也没法儿跟斯洛曼一较上下,尽管卡托卡斯时常会头上顶只死鹦鹉在舞台上玩自杀把戏。斯洛曼是纽约人,却好像熟识波士顿的每一处脱衣舞场,每一处性用具商店,每一个藏污纳垢,恶闻频传的阴暗角落。他把我拉进一个门洞,把我介绍给店员,好像我是他失散多年的兄弟。只见身着橡胶三点装的金发女郎在栏杆后面扭动腰肢,斯洛曼扭头对我说:"觉得怎么样,老山,还不错吧?瞧这对波,够浪吧?走,换个地方,让你再看点别的。"于是我俩再度步入雨中。"其实我想找一个63岁的老婊子,有点精神分裂,叫埃塞尔,我记得叫埃塞尔,可人找不到了,那可真是只了不起的老鸡,我想把她介绍给迪伦。"说着,斯洛曼领着我进了家灯火通明的性商品店，墙上挂着的每件东西仿佛都在抖动。"来，帮迪伦挑件生日礼物吧，"斯洛曼一边说，一边冲到店后面，找到销售员，说道："咱们要给个与众不同的家伙挑件礼物，有什么好东西？"销售员走到一堆黄色盒子前，说道："有多不同？十英寸？十二英寸？"斯洛曼发出一阵歇斯底里的狂笑，销售员把东西一件件摆出来展示一番，一盒一盒的自慰棒，电动阳具，斯洛曼咯咯笑个不停，把东西一件件拎起来递到我眼前，问："这个怎么样？你觉得他会喜欢吗？"我可答不上来，整个这个地方在我脑海中翻着筋斗，我目光向天花板瞟去，脚步不由自主往门口挪。最后斯洛曼买了只玩具猴子，一挤关节就会弹跳出来，可谁会去挤一只猴子？

我沿着街道走，问街上的人色情表演在哪儿？这些人说不定都是药贩子。多数人也不出声，只是迷迷瞪瞪地一伸手，指向人行道更远处。我继续向前，似乎不应该走这么久还没到，斯洛曼追了上来，浑身上下湿透了，丝绸上装里面的线全露了出来，仿佛衣服穿反了，绿色的领带变成了条滴水的绳索套在脖子上，脚上白棕相接的皮鞋让人想到演马戏的艾米特·凯利，整个人看上去就像块走了气，变了味的椒盐饼干，只不过做成了人形。居然还真让我们找到了表演场，还真是神奇！突然间我意识到其实自己一点儿都不想看什么色情表演。一点都不想看到这儿的人，要说来这儿还有什么理由，就是想找个昔日在旧金山相识的老朋友。可一到这儿我就后悔了，大门口两个一身横肉的大汉打得不亦乐乎，旁边站了几个同样一身横肉的大汉观战，台阶上洒下滴滴血迹，转瞬又被雨水冲走。门口看场子的也看得出神，于是我俩一侧身溜了进去，然后见人就是"滚雷"那儿发的通行证，仿佛硬闯白宫，乱晃采访证的记者，就这样一路混到表演场地前。这地方就像密室狂欢，到处都架着电视，屏幕闪烁不停，不时传来夸张、扭曲的声音，仿佛母牛踩到了自己刚下的牛仔。一个八英尺高的变性人穿着增高鞋，身上的贴身衣银光闪闪，一头金色卷发，后面有个人不断挥舞鞭子向他抽去。这算是讽刺吗？我怎么感觉不到？可要不是讽刺，为什么个个都人不像人鬼不像鬼？

我和斯洛曼晃着手中的假通行证，一边向后台挤过去，一边打听旧金山来的珍妮。"谁，没听过，嘿，后台可不能来。"一个大汉答道。"那姑娘也叫蛇女丽娜。"我还不死心，大汉可不吃这套，吼道："滚出去，要不砸扁你的脑袋。"就在此刻，我看到珍妮出现在大汉背后，刚从台上下来，浑身上下一丝不挂，仅仅在关键部位贴了几片纽扣大小的圆贴，我冲她喊了一嗓子，于是珍妮过来领着我和斯洛曼上了一道螺旋铁梯，进了化妆间，化妆间还有四个姑娘，也都赤身裸体。斯洛曼一分钟都不耽误，把刚买的猴子，还有其他种种性玩具一股脑全掏了出来，摆在姑娘们眼前，可姑娘们眼皮都没眨一下。桌上排着一长条雪白粉末，一会就让姑娘们吸个干净，化妆间里闷热得简直可以种蘑菇，我感到自己都要化了，于是甩开斯洛曼，离开这个恶心的色情窝，独自一人向迪伦的演唱会走去。一路上各种怪念头在脑海中此起彼伏，"那些孩子们干吗不去迪伦的音乐会，听点儿真正的音乐，却到这种下三烂的地方，听这种垃圾？他们真的喜欢音乐吗？他们会喜欢一群从60年代穿越而来的乡村歌手吗？或许，现在的年轻人就想看点火爆的东西，就想看血肉横飞，脑浆迸裂。这就是人们常说的代沟吗？我算是老一代一员吗？迪伦呢？会不会有些圈子里根本没人知道迪伦何许人也？就像弗兰克·辛纳特拉一样。这是不是就叫光阴似箭，时光飞逝？有人知道这究竟是怎么一回事？"反正我不知道。

吉卜赛人

不管住哪家豪华酒店，迪伦总把他那辆绿白相间的露营车停在最显眼的位置，立马为那个地方平添几分露营地气息。迪伦看起来是铁了心，无论如何也要保住自己身上那分吉卜赛人流浪色彩。在纽约的麦迪逊大街，就在珠光宝气的珠宝商业区正中心，停着迪伦那辆露营车，街对面是"滚雷"全班人马，身陷奢华的酒店套间中。"头儿"一个人坐在露营车前的拖车里，目光注视着周围熙熙攘攘的商业世界，不时传来各种声音，有远方教堂的钟声，空气中弥漫起一股淡蓝色浅霾。露营车一侧挂了块塑料牌子，面积不大，白底黑字，写着"坎普渔业"，一扇窗户上糊了张摔跤竞技宣传画。车里面有什么？天知道。

感到自己一头扎入到消沉抑郁中, 一心只想回家,回到大山之中,回到马群边,回到自家女人身边。回家!电影的组织工作已经彻底乱了套,已毫无组织可言,第二天要拍点儿什么根本没有个计划,全靠临时起意和一股子蛮劲。各种点子满天飞,可唯独没有计划。不断开会,在联合国风格的椭圆会议厅开会,人人都觉得自己越来越重要,最后完全失控,人人都出主意,越来越多的主意,怎么拍演唱会,怎么组织场景,怎么把迪伦拍入场景中,还有莎拉、琼尼·米切尔、贝兹,大家的才华实在是太多了,简直都爆溢出来了,可没人知道该如何开始,各种信息纷至沓来,可就是没有统一的渠道。最后会议无果而终,人人都往外溜,去自己的房间,去餐厅,去前台,去租车处,去客车站,去游戏厅,去桌球室,最后也不知道去哪儿了。康涅狄格的空中飘起了雪花,大客车向哈特福德的演出场馆驶去,这次里克·丹科和桑迪·布尔也加入进来,仿佛磁石吸到铁屑,可我始终兴致寥寥。自己干吗跟着去?去听伟大的音乐吗?早就听过了。这群人中我找不到自己的角色,觉得自己不过是条窝在后台的寄生虫,漫无目的地穿过化妆间,看着别人整装待发,可自己都干了什么?脖子上挂张写着自己名字的通行证,混迹于成群结队的狂热歌迷之中,见到保安点点头,随手抓一大把瓜子果仁,见什么就记什么,只有这样才能保持清醒不发疯。除了这些之外,还有别的原因,自己的身体不由自主战栗发抖,如今就好像穿越回了60年代,那个拿兴奋药片当饭吃,喝醉了拿"黄套"、"黑美人"解酒的60年代,可不是如今人们想象中的60年代,而是真真切切的60年代,不单影响到思想,更影响到肉体。带来的感受就是一切都砸烂了。我可不想重温60年代!我可不想再做一回60年代的废物!从来就没有60年代要自救!现在一切就只能闷在客厅看电视了,饭都送到客房来，客房正有两张大床，可除我之外一个人没有，客房成了避难所！房门锁好，再插上链子。加利福尼亚早已消失到山的那一边去了，洛杉矶如今只存在于报纸上，蓝色太平洋，远在天边。

康涅狄格
布鲁斯

马萨诸塞爱克顿

纽沃思失声了，噪音越来越像只喝过头的牛蛙，斯通纳拉肚，麦尔斯恶心呕吐，我自己感觉也不大好。大家租了辆车，一窝蜂钻进去，车向爱克顿医疗中心飞驰而去。瑞文开车，一路上问长问短，还真有点认真负责的小护士的样子。车拐进停车场，斯通纳嘴里唠叨个不停，翻来覆去就那几句，什么最好不用排队，干吗不把医生叫到宾馆什么的。到了里面吃了一惊，咱们几个嘘嘘嘈嘈一惊一乍，可人家医院里面可是出奇地安静，好多母亲坐在卡其沙发上，一声不吭地读着杂志，孩子们簇拥在大鱼缸前，人人都在耐心等待，四下鸦雀无声，只是偶尔有襁褓中的婴儿发出一两声啼哭。纽沃思突然感到小腹一阵绞痛，步履踉跄向厕所跑去，边跑边喊："肚子痉挛了，厕所在哪儿？我要上大号，好急！"当地人耳中纽沃思的嗓门也太大了，都盯着他望，目送纽沃思向后面冲去。斯通纳浑身上下一身黑，一副摇滚打扮，手里拿着纽约诊簿，冲着小护士吵吵："干吗要我们等，我们可等不起，再过两小时还有大事要做呢！快去，告诉医生来给我打两针，不打针我好不了。"护士试着夺回约诊簿，被面前这个莽汉吓得张口结舌，瑞文让斯通纳安静下来，把他扶到一张软垫靠背椅前坐下，又给他拿来一本杂志。迈尔斯面无表情地站着，不时用手摸摸头上的针织水手帽，冲着面前这些可笑的人眨眨眼。医生终于出现，这几个一齐向医生冲去，除了纽沃思，这会儿这老兄从医院后面溜了出去，已经到街对面，瑞文从大门冲出去，大喊："纽沃思，你他妈回来，医生来了。"纽沃思一回头，喊道："不用了，跟医生说我死了，来得太晚了！"

康涅狄格

爱森·爱伦汽车旅馆

丹伯里

演唱会结束后，人人回来找自己的行李，私人物品，找自己的床，可往往不见了，眼前是别人的行李、私人物品，床也是别人的床。又是大学宿舍式恶作剧，本想把这一幕拍下来，可摄影组的人偏偏没了影儿，不知去哪儿拍赛狗去了。迎宾室里有只绿色的兽笼，里面关着只仓鼠，是只毛茸茸的小家伙，毛色黑白相间，脖子上挂着个小小的标签，上面写着"斑马幻影"。大家在迎宾室里推杯换盏起来，人人都灌了一肚子杰克·丹尼威士忌和加奶油的可可利口酒。金斯堡冲了进来，手里挥着一本《钢铁侠》漫画，大喊："谁把这玩意儿放到我的祭坛上？"没人搭腔，纽沃思抄起只灭火器朝大家的腿上喷，斯通纳跳身躲开，一把抓住灭火器的颈部，下面那通乱，结果斯通纳拿匹克的右手大拇指划破了。这下斯通纳可心疼了，担心拇指上的口子会影响自己的表演，到处找邦迪和碘酒。斯嘉丽在外面走廊里来回走，边走边练琴，一袭黑色长裙，脑门正中画了条蛇，团里其他人在自己房间，在电视上看篮球赛。

乱七八糟的
枪械
博物馆

我站在公路路基的涵洞洞口,看着公路对面的枪械博物馆,灯光在黑夜中闪烁。博物馆主人是位怪脾气脊椎推拿师,酷爱收集各种古代枪械和刑具,博物馆里黑色橡胶模特肚子里藏着枪管,一捏就开枪;一支支步枪弹夹摆成轮状,放在树脂桌面上,旁边就有参观客吃饭;天花板上挂着全尺寸的木乃伊和骷髅骨,旁边挂着刀剑利斧。打算在这里为迪伦和纽沃思拍上一段,内容类似《马耳他之鹰》。陆续有人来参观,吃饭,场面有点儿像文森特·普赖斯主演的恐怖电影。我走了出来,沿公路走,想找间正常点儿的美国餐厅,可这附近公路两侧好像只有一家餐厅,就是展出枪械的那家,这时听到潺潺流水声,翻下路基,在路基底部见到这个涵洞。四下安静极了,路面上几乎没有车。这就是佛蒙特。

丰饶女神伊希斯笔记

丰饶女神伊希斯——地狱冥判俄赛里斯

羔羊、公羊、狮子、百合、蜜蜂

摩西

死后灵魂之旅——牧师

阿门——拉

埃及亡者之书

火刑、水刑、性

斯芬克斯——"我是谜"

有翼神兽

美女头颅，雄狮利爪

被忌妒的兄弟撕成碎片

残肢遍洒埃及大地

收拾残肢

再成一体

残肢合拢

俄赛里斯再成一体

做成木乃伊

从古至今

枪械法

马萨诸塞，躺在宾馆客房床上，目光停留在电视屏幕上，正在放公共广告，马萨诸塞出台了新的枪械法，公众好像还不大了解。画面中是法庭，一位白人少年站在被告席上，法官高高在上，身披黑色法官袍，头戴灰白假发，满面威严。少年开口："大人，对不起，我不会再犯了。"法官俯首注视少年，开口道："法律规定，非法拥有枪支，入狱一年，年轻人。到处都立了牌子。"镜头聚焦到法官脸上，给了一个大大的面部特写，只见法官拿起法锤，直指镜头，缓缓说道："看到了吗？"

波士顿

真像报纸说的那么重要吗? 如果只是穿城而过,一头进,一头出,又能有多重要? 没人不喜欢八卦,八卦营造出气氛,小饭店吃饭时也能听到各种八卦: 校车接送、枪械法、性犯罪、凶杀案。隔街可能就是知识分子成堆的传统社区。有人说波士顿是美国的基底。切! 底裤还差不多。高等教育大市场,哈佛、耶鲁、雷德克利夫,到处都是书店。书店、凶杀、一连串暴力事件,警察制服活像盖世太保。第三帝国、教授、法官、法律、学校。法学院。法律和秩序! 都市中披枷带锁的走兽们! 海边小镇,个个似游魂。

"钱不会说话,只会大声嘶吼。" 都市郊区富得流油。迪伦在这里如鱼得水,好像敌国派来的超级间谍,又像是一位万里独行盗,乘夜入城,然后销声匿迹,不知所踪。

斯洛曼
在宾馆大厅

斯洛曼又赶上来了, 我一直没弄明白一开始斯洛曼和巡演究竟是怎么扯上关系的。有一种传言,说迪伦私下雇斯洛曼为巡演写一本书,反正有关巡演的文章接二连三刊登在《滚石》、《乡村之声》、《纽约时报》上,都是出自洛斯曼手笔。每次只要斯洛曼一出现,英姆霍夫就把他赶出宾馆,这次(马萨诸塞州福克斯博罗的谢莱顿宾馆)斯洛曼终于为自己受到的"不公正待遇"而大爆发,只见他头戴浣熊皮帽子,身穿声援暴风卡特的T恤衫,脚上还是平日里那双网球鞋,扯着嗓门大发雷霆。"我受够了,人人都赶我走,《滚石》赶我走,连我马子都要赶我走。这他妈的黑人真是让我受够了。"宾馆管理人员如临大敌,站在登记台后面,紧张地盯着这个大呼小叫的家伙,活像是迪士尼乐园门口卖票的。迪伦轻轻晃晃身子,冲斯洛曼微微一笑,英姆霍夫也在笑,甚至笑出了声,问斯洛曼究竟想要什么。斯洛曼早已把自己的要求草草记在一张小纸片上,这会大声读出来,"我要通行证,和别人一样的通行证,要采访的权利!"英姆霍夫扭头对迪伦说:"要不要在车上为这小子安排个座位,这样至少可以盯住他,别让他乱来。"迪伦点了点头,于是斯洛曼成了我们一员,高兴得立马就跟他女朋友在宾馆大厅里转圈跳起了舞。

★★★★★★★★★★★★★★★★★★★★★★★

去酒店洗衣房的路上

11月22日，
马萨诸塞福克斯博罗，
谢尔顿酒店

积了好多脏衣服没洗，脏衣服都堆在谢尔顿酒店的洗衣房里。洗衣房在酒店另一边，先穿过漆成橙色的大厅，大厅的门框上装饰着巧克力色装饰条；大厅外面是封闭餐厅，不是客人正在吃饭；再绕过一座人造瀑布，四下里放着穆萨克的管弦乐，走上一段有雕像装饰的台阶，走到外面的游泳池，池子四周铺着阿斯特罗草皮，然后就进酒店另一翼大厅，还是漆成橙色。大厅里相对而言还比较安静，可就是在那儿已感到各种声音交杂到一起，悄悄向耳鼓袭来，再接下来声音陡然剧增，一下就把你给淹没了，餐厅中杯盘声，谈笑声，人造瀑布的流水声，管弦乐声都混杂到一起，在密闭空间中回响，和大厅中的安静对比悬殊。再进到酒店另一翼的大厅，又相对安静下来。自己又进来了，又被封闭了，呼的空气都是经过人工调制的，空调口呼呼地向外吹着风，就像灰狗大客车上一样。我在找洗衣房，却听到了蟋蟀叫声，这种密闭空间中怎么会有蟋蟀叫声？蟋蟀怎么可能出现在这种豪华酒店中？那一刻自己真是由头到脚都木了，不知该往哪儿走，目光盯着走道尽头，竖起耳朵再用心听一听。走到尽头拐出一个小姑娘，身穿睡袍，手里抱着布娃娃，径直向我走过来。是真的，小姑娘是真的，蟋蟀声也是真的，那一刻的心情真是难以形容。蟋蟀还在欢唱，其实我根本也没想把这只蟋蟀怎么样，说起来蟋蟀声可能算是这个星球上我最喜欢的声音之一，声音虽不大，对我的心理作用却巨大，一下子这座迷宫般的大酒店仿佛就成了天堂。小女孩走了，可蟋蟀声还没停，终于找到了洗衣房，推开门，看见自己的脏衣服都洗好了堆在张高背椅上，蟋蟀声还在耳中响个不停，自己站在陌生的混凝土建筑中，离家数千英里。此情此景，怎一个愁字了得！开始叠T恤，叠牛仔裤，把袜子卷成球，这一刻，感到自己谦卑极了，真想找出这只蟋蟀，对着它跪下，一吐心扉，可哪儿才能找到呢？真不想离开这个小小的精灵！

缅因，邦戈尔

缅因州看上去仍保留了几分纯真，警察看上去没那么疯狂。似乎还保留着几分昔日的做派。迪伦在面颊上画了个大大的十字，如今他看起来越来越像印第安苏族打把式卖艺的了。关于迪伦巡演途中化妆的变化，要一本书才能说清楚，这会儿他头上的帽子上插了把黄色小花，还要一根细嫩的松枝，随风摇摆，犹如火鸡羽毛。

巡演在这个地方真的有意思，更接近于一场宗教仪式，借助音乐所有人相互传递着精神力量。这里没有大型宣传，也无需为演出日夜排练，搞得人神经兮兮。音乐无与伦比，观众不多，可全身心参与，同样无与伦比。就要到感恩节了，外面飘着大雪，里面更显得温暖，仿佛点着了一把火，仿佛古代仪式现场。如果说电子摇滚已

发展成偶像崇拜和盲目追星,"滚雷"就是一剂良药,迪伦是卖药的,演出卖的药药力很强,疗效很好,专治精神。倒不是说迪伦就没有狂热歌迷,肯定有,可迪伦身上那种英雄主义早已超越了简单的跟风追星。舞台上乐曲换成E小调,迪伦的歌声也愈发神秘,正因为这份神秘,他推动观众去深思,不仅关心"迪伦是谁",更去关心"迪伦是什么"。迪伦处处创造出这种诡异、奇异的氛围。无论是舞台上、唱片中,还是书本中,电影中,这究竟代表着什么?他描绘的是怎样一幅图景?又要把我们大家拖入怎样一个世界?一切就在眼前,可偏偏碰不到,说不出。

缅因，约克港

清晨, 我敲响迪伦房间的门,迪伦上身没穿衣服,正在电话里预定乳香精油,没药脂,蜂王浆,长途。咱俩走到阳台上,望着下面的野餐桌,和远方的渔港,海面上有几条捕虾船正要出海,船上别克发动机发出轰鸣声。迪伦谈起要发现美国,就在这儿,就在野餐桌上。"怎么样?就在野餐中发现美国!去叫纽沃思,今天天气太棒了,给杰克找条船,到时候把杰克弄上船,再戴顶船长帽,让他驾驶从海那头转过来,正好看到咱们野餐。"说干就干。龙虾买来了,服务员现成的,给钱就有,捕虾人请来了,平静的海边一下子热闹起来。肯是"滚雷"的独家摄影师,看他吧,脖子上挂了六部相机,都配有强力连拍马达,到时候只要按下快门,那速度不亚于汤姆森冲锋枪。肯自己说,为了这个机会他等了整整八年!更多美食从厨房端出来,倒在野餐桌上,香槟一扎一扎。旁边站了个捕虾的渔民,带着他儿子,渔民说:"上次见到这种大阵仗还是六年前,拍香烟广告,那次为了拍日落等了足足六天,可也没赚到几个钱,话说回来,也没怎么用到捕虾船。"

这样一个节目会有什么深远影响?目前看不出。有钱就给力,媒体支撑起来的大小明星什么都能做,什么都办得到,无论怎样心血来潮,想出怎样古怪的点子,几分钟内就能搞掂。要条船吗?找个渔民,把他的船买下来。还有什么不可能?

激流

到底要拍部什么样的电影？ 感觉这个问题现在谈都没法儿谈了，整件事膨胀、变形，胶片办不到，录影带办不到，根本没法把一切装下来，连拍部纪录片都没门了。电影向着一百万个方向发展，同时。现在唯一能做的也只有随它去了，任它发展，跟着它后面走，得迎合它自己的步伐节奏，就像遛赛马。需要空间？那就给它。只要张大双眼看就好了，适应它自身的涨落，就算电影形式上混乱了点儿，千万要控制住自己，不要乱发脾气，更不要歇斯底里，走向疯狂。再说了，电影也不是完全没有形式，只不过它自己特有的形式尚不为我们所熟悉。可以说，这种形式真的把大家推入激流之中。

雨中的格拉纳达

★★★★★★★★★★★★★★★★★★★★★★

佛蒙特州谢尔伯恩,又一座隐身于深山老林的度假地,到这里之前大家已经坐了好久的车,有人坐大客车,有人坐旅行车。当地人隔着窗子望着我们这一行人,一边拿起龙虾尾巴蘸起黄油,餐厅里亮着烛光。大雨下个不停,大家坐在各式各样的车中,等待着自己的房间,可度假村管理方也不敢说房间够不够,他们原以为我们还要过两天才到。我看到斯洛曼躲在他租的车里,那是辆福特旗下的格拉纳达车,体积不小。这会儿斯洛曼肯定忐忑不安,不知巴里会不会给他安排间房,还是赶他走,叫他一个人去假日酒店找房。斯洛曼想低调点,别引起别人的注意,可开了辆这样的车又怎么可能低调下来？我也瞧出来了，至少不要磨上一两个钟头才能把房间落实下来，于是悄悄下了大客车，不声不响晃到斯洛曼车前，自己还从没握过这种路上大块头的方向盘，于是费了番口舌，总算说服斯洛曼让我过把车瘾，反正等也是等。斯洛曼把车钥匙递给我，一头跑开，找个地方避雨去了。我插入钥匙，打着火，从那一刻起感到自由从心底喷涌而出，再见了大客车，再见了旅行车，再见了酒店——动物园。猛踩下油门，猛打方向盘。车轮在停车场地面上留下长长的胎迹，雨水中还冒着热气，沿着乡村道路一路飞驰而下。车很灵活，仿佛一头猛兽，原地掉头大转弯时觉得车身还是有点窄，别和道奇先锋比，这车各方面还是不错的。突然间就开上了一辆租来的车，车上还挂着加利福尼亚的车牌，风驰电掣般驶过佛蒙特的乡村小镇，却根本没有具体目的地，这种感觉还真是不寻常，只是感到自己想上哪儿就上哪儿。向北，越过美加边界，到魁北克、蒙特利尔，或其他古老的地方，得过好几天才会发现我的踪迹，那时候我早到加拿大了。可又怎么样？车窗外一排排古色古香的店铺向后急速倒退，我也在问自己。就算到了加拿大，又能怎么样？怎么自己一心想逃？一切不是挺好吗？不冻、不饿，没人欺压我，这到底是怎么了？车一直向下开，心里希望路上能看见家桌球厅，或快餐店，可什么也没有，只有古老的商店，车从店门前一闪而过，我能看见柳条椅、滑雪橇、橡木框镜子，还有捕兽器、印第安篮子。这些店是旅游者的天堂，颇能打发枯燥沉闷的时间，那些退休的老人家们更可以在店里面消磨自己的晚年。车驶下大路，拐上了条乡村土路，这条路原本是供人步行的，格拉纳达开始上下颠簸，跳起了方丹哥舞，努力维持着车身悬挂，不要陷进车辙。小道向密林深处延伸，也不知道通向何方，雨更大了，车轮带起大片大片的枫叶，终于想掉头了,至少也把车开上硬路面,可不知为什么还是驾车往林子深处驶去。房舍不见了,牛群也不见了,四周只有树。渐渐,那股子把什么都抛到脑后的冲动消散了,把车停在一棵樱桃树边,车大灯亮着,发动机没熄火,我就坐在驾驶座上,目光穿过前挡风玻璃,看着车外。雨刮缓缓打散雨水。"好吧,现在也算是逃出来了,可又怎么样?"我自言自语,心中还是没有答案。

缅因，沃尔特维尔

缅因真是"滚雷"最理想的地点，这儿的一切都与"滚雷"的目的不谋而合，唯一遗憾的是缅因的酒店实在是烂，而且从头到尾就找不到一家不烂的。可只要一走出酒店，就不由自主感到大地的坚实，甚至可以和这里的人畅谈一番。那天，迪伦坐在吧台一头，另一头是位双目失明的盲人，两人品着白兰地闲聊起来，两人开始聊得很慢，可聊熟之后就让人感到不同寻常了，这儿终于有人同迪伦心平气和地聊天，而不是一心刺探迪伦的隐私，而这个人居然根本看不到迪伦长什么样子！这位盲人多年来一直在听迪伦的歌，却从没见过迪伦的样子，哪怕一张画像，他站在那儿，双眼朝向迪伦肩头的方向，眼珠苍白无光，眼角的细纹中却写满了笑意。原来他也是搞音乐的。迪伦双目注视着这位盲人，两人谈到交换牛仔衬衫，又谈到如何注视，如何聆听，毫无炫耀的意思，反正那位盲人什么也看不见。第二天晚上，迪伦在演唱会上把一首歌献给这位盲人。

缅因的观众是地道的乡下人，都是些大小伙子，或许从奶牛场直接就赶到演唱会现场，靴子上还沾着牛粪。也就是在缅因，第一次让人感到迪伦确实是老天赐给我们的一件珍贵礼物，奥古斯塔的那场演唱会掀起了激情，我一路上还没见识过整个乐队简直要飞起来了。迪伦和其他吉他手在台上站成个圈。他自己背对观众，仿佛在上演阿拉法罗求雨仪式。迪伦妈妈也来了，坐在侧看台较高的位置上，身边都是些大小伙子，还有贝兹，此时她已经是贝兹太太了，简直就是一场家庭聚会，这个家的主家是一位名扬四海的超级明星。此刻在舞台上撼动着台下的观众，一大群乡村大小伙。下台时，迪伦挥汗如雨，仿佛刚让暴雨淋过，莫姆霍夫抢步上前，递上一大捧干毛巾。迪伦吻了吻妈妈，接过毛巾，小步向化妆间跑去，肩上反背着吉他，吉他柄指向地面。这现场简直像是刚刚充足了电，连后来在纽约麦迪逊花园馆为声援暴风卡特组织的那场也相形见绌，虽然这里场地狭小，地处偏僻，官方称之为"欠发达地区"，其实就一个字——穷。

摄影组的小卡车已经在路上跑了整整四个小时,就快要发疯了,车里面跟旅行车差不了多少,各种设备放了一地,各种黄段子一刻也不停。离目的地还有85英里,车要歇一下,缓缓驶入一家唐金面包圈店前的停车空地。大家进了店,感到浑身上下还在抖动,面前是两位年轻女店员,周身上下一色粉红,柜台粉红,柜台前的高脚凳粉红,连收银机都是粉红色。店里挂着长长的价目表,从天花板一直拖到地面,上面写着各式各样的面包圈,——枫糖条、经典巧克力、胡桃仁、可可乳、柠檬粉、芥末酱、黑莓馅、草莓馅、苹果馅。不用吃,只要一想到这些玩意入口触碰到软腭,肚子已经饱了。店里坐了几个当地人,郑重其事地拿面包圈蘸着杯中焦糖色的咖啡,然后放入口中,那样子倒像是在进行某种宗教仪式。咱们几个人愈发癫狂了,就像是混进西贡市的越共,一心要搞点小破坏,肯定是乘车乘得太倦了,此外还有种奇怪的感觉,店子是固定的,可我们只是流水过客,不妨放肆一下自己,为所欲为一番。其实,一旦你以路为家,一切固定的东西都会显得不真实起来。柜台后面有个小姑娘圆圆脸,咱们跟她闲扯起来,问她手腕上怎么有道红印子,仿佛是长在肉里的手镯,小姑娘回答,红印子都是拿烟头玩"捉小鸡"游戏时留下的。于是我问道,知不知道有一种玩法,把一美元钞票箍在手腕上,然后拿烟头去烧,谁敢把钞票烧穿个洞,钞票就归谁。很少有人能忍那么久。小姑娘说没玩过,我也不想跟她较量一下,话题转到能不能把收银机里面的钱抢走,小姑娘回答其实她自己也想这么干,不过没机会了,经理已经来过,把收银机里大点儿的票子都拿走了。"只要能离开这鬼地方,干什么我都愿意。"小姑娘说道。"你想去哪儿?""哪儿都行,不如你们带上我吧。"听到这话,我们吓得一溜烟出了店门,上了车,回头一望,只见小姑娘淹没在一片粉红之中,收拾着面包屑。

唐金面包图店，救赎

★★★★★★★★★★★

最后的夏克村庄

★★★★★★★★★★★★

杰克做司机，驾车艰难驶过积雪的道路，去寻找最后的夏克教派村庄。夏克派是一个宗教教派，以家居简单，生活朴素而著称。为什么会想到把这样一座村庄做拍摄候选地？其中道理我也不大明白，这会儿只想冲把热水澡，有张床躺下。车后面喷着黑烟，把整个车都罩住了。脚边到处都是塑料咖啡杯，随着车上下震动，车厢尾堆满了脏衣服，把后挡风玻璃都挡住了。车里几个人都已经一个星期没刮胡子了，这会儿偏又困在雪中，找不到道路。车停下来，麦尔打了个电话，告诉夏克村的村长，我们恐怕不能准时赶到了，这会已经是晚上十点，早过了村民们正常的就寝时间。最后，在一条偏僻的小道边终于找到了目的地，村里都是高大的白木板房屋，堪称美国早期建筑的经典代表，真的很耐看，尤其在晚上，房屋映射着雪白的积雪，更是好看。夏克村民们在自家的门厅耐心等着我们几个，有一个妇女，两个男人，看上去都刚过中年，身上的衣服很简朴，却也不像制服或宗教服饰。我们几个下车的样子在村民们眼中肯定很扎眼，下了车费力走过明晃晃的雪地，走到三位村民待着的门厅中，三人很热情，看上去一点没有为我们的迟到而烦恼，把我们几个领入一间暖和的大厅，大厅四面墙壁上镶着枫木板，屋里有道楼梯，栏杆是樱桃木，打磨得光可鉴人。屋里的一切都那样整齐，那样洁净，找不到一丝尘埃，每件物品都归拢得停停当当。一进门，我们就有一种感觉，仿佛跟自己的对立面撞了个满怀。不用问，这里的一切像钟表一样精确，每日作息活动都有严格的计划安排，大大小小事都有计划，而且也只有最实用的事才能安排到计划之中。我们几个站在屋中，抖落肩头的雪，活像几个迷了路的皮货贩子，被好心的村民领回家，最离奇的是村民脸上看不出任何不屑或批评的神色，这几位村民根本就没有把他们自己的生活同我们做比较，一点都不在乎我们的样子，甚至不在乎我们的精神状态是否正常。我们跟着最年长的村民穿过大厅，后面是一间宽敞的厨房，里面放了张长条木桌，木桌边摆放着纯手工打造的靠背椅，黄铜钩子上挂着一排铜茶壶。麦尔努力想摆出一副清醒明智的样子，可跟身边的村民一比，简直就像刚从狄更斯的小说中爬出来的人物一样夸张而怪诞。他说道："要是你们允许，我们想把迪伦、贝兹还有其他几个人都请来看一看，在这儿拍电影不知对不对迪伦的胃口。"最年长的村民只是点点头，微微一笑，身子微微后仰，天知道他心底是不是早已笑翻了，嘴里说道："没问题，很高兴他们能来。"那位妇人插进嘴来，说大明星要来的话会请他吃自己亲手做的饭菜，代价是请贝兹开声为此地村民献上几曲。慢慢地，大家觉得来错了地方，可无论如何也要挺下去，毕竟这么晚还给人家添了这么多麻烦，心里多少有些过意不去。我们在年长村民的带领下上了楼。楼上还有一些村民，坐在安乐椅上，有的在织毛衣，有的在做手工，年长村民领着我们看了挂在墙上的肖像和照片，告诉我们这些是村子的先驱和创立者。他指着一幅画像说："这是马丁兄弟，想必你们都知道吧？马丁兄弟写过一首歌，叫《简简单单就是福》。"我们几个点点头，想着法促进年长村民走快点，饥饿感从四面八方撕扯着我们的身体，眼前甚至浮现出幻影：古老的酒店、古老的餐厅，丰盛的菜肴。可村民们还在带着我们转，走过一间间木屋子，每个犄角旮旯都能摸出点东西，一根针，一个顶针，某某"姐妹"1700年代用过的。刹那间我明白了过来，这儿根本就是座博物馆，不仅是各种物品的博物馆，更保存了一整套生活方式，这种生活方式已融入此地村民的血肉之中，村民们从"又大又脏的外面世界"逃离出来，更中意这里，在昔日的时光中呵护着道德理想。

这个国度中似乎到处都在闹传统荒、文化荒，而此地村民自己已找到解决办法，就是彻底与外界隔绝。"滚雷"也缺点东西，可"滚雷"的做法与此地村民截然相反，不是出世，而是入世，完完全全、彻头彻尾入世，就算有时会去找昔日存在的证据，也是为了更真实地描绘当下。咱们是怎么走到今天的？究竟发生了一系列怎样的事件，把我们引领到今时、今日、此地？我们究竟是什么？该上路了，去找旅店，一顿丰盛的晚餐。

我走进这家乡下小店,寻找自我。有人偷偷告诉我,到这儿就找对了,也不明白为啥。从外面看这儿跟一般的路边店也没啥区别,卖的无非也就是生活木材,还有其他什么的。我一走进去,就问,有人认识我吗?没错,就这么简单直接。店里的人瞅瞅我,好像我是个疯子,说,等着,说完,走进了后店,就剩我一个人在那儿傻站着。我一边等,一边活动活动身子腿,也算是跳舞吧,扭扭脖子,跺跺地板,接着就自言自语起来,觉得自己说什么反正别人也听不见。开始在心里把周围所有东西都点一遍,所有东西,只要眼睛能看见,耳朵能听见。啊,有链锯、铁锤、桶装奶酪、桶装饼干、钉子、积木、玩具木马、家用发电机,外面雨云堆积,电闪雷鸣,运木材的大卡车轰隆隆驶过;猪肉、早餐、碗碟、舞蹈、尼金斯基、跳水、深海、大洋、江河、铁轨、无线电、波浪;母亲、两儿子打架、危险、思想、军阀、幽灵、炸弹、复制品、机器销售点;银河、酷刑、猎宝、匪首、小麦地、拖拉机、拖车、机械师、保镖、猎歌;墨西哥、荒芜的大地、赤野千里、肢体、斩首、钉十字架、上香油、救护车、血淋淋的双手、小玩意儿、小发明、健身器材、出租车、滚动的保龄球;脚上长了泡,背上伤痕累累,奶牛,面部白色,打家劫舍的豪强、大地主、化妆间、钻石、阿帕契人、流浪野狗、外太空漂游的猴子。接下来,我走出门去。

感恩节

★★★★★★★★★★★★★★★★★★★★★★

想家了，想得厉害，尽管巴里·英姆霍夫已经拿出浑身解数，在这家白雪皑皑的假日酒店营造出节日的氛围。大厅里，一张张长条桌排成马蹄形，桌上铺着雪白的桌布，还有各式各样的节日小装饰品。一队女招待款款走来，手里端着色泽金黄、还冒着热气的烤火鸡，还有大碟大碟的蔓越莓果酱。其实这也难解"思乡之苦"，不过，吃了整整六个星期的客房点餐和外卖快餐，这一顿多少也能起点缓解作用吧。刚吃到一半两边桌子就干上仗了，各种弹药在半空中乱飞，有腰果、火鸡骨头、餐后小甜点，还有各式各样的玩意儿。卢玩得起劲，用手中的汤勺改装了部投石机，只见一粒粒奶油洋葱飞向半空，划出一道高耸的弧线，向敌营飞去。这时，迈尔斯和T骨手下的那帮小伙子从外面走了进来，一个个抖落了满身积雪，活脱脱就是电影《育空王》中的一幕。烤火鸡早已被一扫而空，小伙子们只好到厨房去找吃的，这会儿大厅里的战事更烈，交战双方都躲到长条桌下面，一边抽空用吃剩的火鸡骨头轰击对方阵营。迪伦身上穿着大衣，头上戴着帽子，端坐在椅子上，用手中的勺子拨弄着碟子中吃剩的鸡杂，目光很少离开碟子，似乎在说，有什么好看的？什么都能听到，什么都能感觉到。突然大厅一头传来一声巨响，一张长条桌轰然掀倒，上面的玻璃杯、银餐具、碟子什么的撒了一地。肇事者是迈尔斯，只见他双拳握紧，猛捶倒地的桌子，喉咙里发出声声嘶吼，"吃的！吃的！"不用说，厨房里什么都没有。迪伦慢慢抬起头，扫视了一下这混乱的一幕，又低下头对付起碟子中的鸡杂。女招待们又进来了，推车上放着蛋糕、馅饼、布丁，还有别的什么。

T骨手下那帮人眼都红了,一下子扑上去,整一群饿狼。迪伦妈妈也好胃口,已经取了两轮了,此老对旅行生活似乎相当满意。巡演团的会计拿来了厚厚一叠文件,都是防疫证明,迪伦的狗要想越过国境线进入加拿大,防疫证明可少不了。一切似乎按部就班。这是我在巡演团的最后一晚,第二天一早租了辆车去纽约,巡演团则过了国境线进入加拿大魁北克,向着更远的北方驶去。我有点担心自己的行李,彼得·奥洛夫斯基好像不记得把我的行李塞哪辆大客车上了,我找到彼得,咱俩一起出了宾馆,踩着厚厚的积雪向几辆大客车走去。彼得手里拿着一长串钥匙,边走边晃,仿佛晃着晃着,到时候要用哪把钥匙,哪把就会自动跳出来。风夹着雪花狠狠敲打着我俩的脸,就跟万宝路香烟广告中的画面一样,脚上虽然穿了防潮靴,可还是感到湿气一个劲地往鞋底钻。每辆大客车上有四个行李厢,每个行李厢的钥匙都不同,简直就是一场禅宗公案,只见夜色中站着一位颓废的诗人,迎着缅因州的暴风雪,哆嗦的手指,摸索着一把把冰冷的钥匙,身后仅仅五十码处,亮着灯的宾馆大厅里,一群人纵情狂欢,我的箱子还躺在一堆音响器材下,再过几个小时大客车就要再度上路了,就剩我一个人留在这家假日酒店。其实旅行箱里也没什么重要的东西,只不过箱子已经跟了我很久,怎么也不能在这里各奔前程吧!最后彼得终于找对了钥匙,插入钥匙孔,行李厢的钢板门缓缓升起,倒有点像加利福尼亚的车库门。彼得把里面的东西一件件拖出来,扔到雪地上,行李厢里越来越空旷,可我的旅行还是不见影儿。彼得挠挠头,鼻子哼了一声,仿佛在说:"我也不知道"。接着又把雪地上的东西一件件塞回行李厢。同样的事重复了八次,都是他递行李,我把行李放到雪地上,我再从雪地上拿起行李递给他,他塞回行李厢。至最后一个行李厢,终于找到了宝,我的行李箱躺在行李厢最深的角落,旁边是一只吉他箱。彼得哼了一声,说:"真好运,还以为要从头再来呢!"

风暴之夜

12月9日,纽约麦迪逊广场花园馆。开售仅仅五小时,音乐会的票就卖完了。可原来不是一直说把观众人数控制在小城镇水平吗?为什么又选择花园馆?为何要在纽约上演一场盛大的晚会,为整趟巡回演出画上句点?或许原因之一是这趟新英格兰巡演亏空不小,最后要尽量把亏空给补上;另一个原因则是真想筹些钱,帮鲁宾·卡特一把。宣传中就是这样说的,再加上穆罕默德·阿里会和迪伦一起登上舞台,肯定会引起"公众关注",多多少少也会波及关着鲁宾·卡特的新泽西囚室,对司法也会产生一定影响。报纸上已经有文章呼吁缓刑,呼吁重审,毫无疑问,这场演唱会也会敲敲边鼓,壮壮声威。

迪伦和穆罕默德·阿里,"风暴之夜"

下午，花园馆中空空荡荡，只有几个警卫，还有就是纽沃斯领着乐队在调试音响。音响调得有点高，一连几个星期，在狭小场馆表演，这会终于有片宽敞地儿，似乎已抑制不住冲动，要同音乐把这儿淹没。曼斯菲尔德的听觉极敏锐，没一会儿演唱就和音响找着了调儿。花园馆貌似火山，我一路爬到馆顶，下面的乐队看上去仿佛是一群木偶，上演着木偶剧《庞奇和朱迪》，面目已难以辨别，只有凭着一闪而过的体态手势才能约摸猜出这是谁，那又是谁。我跟这帮人早已熟识，可这会儿，从观众席望去，感觉又那样陌生。花园馆采用悬索结构，看上去让人瞠目结舌，算不上漂亮，也谈不上什么美感，只是令人惊叹，当初建造者怎么会想到这样的设计？硕大无棚的顶仿佛悬浮在半空中，看不到一根柱子，全靠一根根钢缆汇聚到一处，拉起整座建筑。此时此刻，馆内人迹寥寥，更让人感到它巨大的体量。我从一个地方跑到另一个地方，每个地方都坐上一会儿，找一下感觉。这时，我注意到馆内有些区开始有人进来，一个区所有人穿棕色衣服。我从场馆顶部向下走了几步，想看清楚些，原来穿蓝衣服的是警察，所有警察围拢而坐，每人手里一杯咖啡，警服夹克敞开着，脚架在前排椅子背上。穿棕色衣服的是领座员，坐的样子跟警察差不多，不过，每人手中多了一把手电筒。穿白衣服的是技术员。各部分彼此分隔，仿佛是地形图上的一块块高地。看到这幅景象，一股暖流在我心中涌动，却说不出个所以然。

　　我向后台走去，一路上想象着这里举行过各种活动，每种活动都给这里带来自己的气氛，可到头来，场馆还是没有任何自己的特色。就是一座建筑而已，可转瞬间，整个世界潮水般涌入，转瞬间又潮水般涌出，不留一丝痕迹。驯狗表演、牛仔竞技表演、马戏表演、拳击赛、曲棍球赛、篮球赛、马技演出、芭蕾演出、各式各样的音乐演出。传来一股炒栗子和德国泡菜混合到一起的香味，把我拉回到现实，又是巴里·英姆霍夫的把戏。他从街上找来小贩，一个卖热狗，一个卖脆饼，一有人买，就递上吃的，正腾腾冒着热气，真正的纽约热狗上面有芥末、德国泡菜，还有洋葱，已经好久没有尝过了，于是我在卖热狗的面前停了下来。卖热狗的是个矮胖子，把各种佐料一层层堆到面包上，再把做好的热狗放到锡纸上。就这当口，眼前初选一列黑人，个个身穿条纹上装，面色凝重，两眼不停向四周巡视。这列人当中簇拥着一个黑大个，全身上下一色黑，看上去就带着"全世界重量级拳击冠军"的派头。我一手伸入裤袋掏零钱，另一只手伸出接过热狗，两眼尽量避开眼前这队人。拳王阿里看上去很酷，也不失仪态，可他身边这帮小子脑袋始终转个不停，也不管四下里有没有刺客，他们也会凭想象生造一个出来，好让周围的人知道他们可不是吃素的。一群人蜂拥而过，仿佛工蚁簇拥着蚁后。卖热狗的矮子，嘴里念叨着什么。带着浓重的纽约音，好像说："受够了"。付完钱，我溜溜达达向化妆间走去。这肯定就叫美国方式了，什么都要使劲吹，直到吹得让真实的生活更大、更夸张，否则，无关紧要，也不会有任何价值。"全世界最大的表演馆，全世界重量级拳王冠军，自伊迪丝·瑟雅芙以来最伟大的民谣歌手！全世界最不可思议的音乐诗人！他们将同台献技，面对着全世界最多的观众，个个有血有肉，翘首可待，伙计们，让我们秀上一场吧！"我也是醉了。

化妆间门上写着两个字——关岛，我溜达进去，在铁长凳上坐下。化妆间正中放着一张桌子，上面堆满了花、坚果、水果，再也放不下其他东西了。每个屋脚都放着装冰的桶，冰里冻着啤酒和汽水，墙上钉满了各地发来的电报。金斯堡步履轻盈地走了进来，今晚穿了一套西装，还打了领带，脚上的网球鞋令他看上去年轻一些。看他这样，感觉挺不错，仿佛从门口刮进一股清风，提神醒脑。"我老爸也来了，老爸今年八十了，还没有看过摇滚音乐会。"我问金斯堡就不怕老人家心脏病发作，金斯堡大笑一声，说："才不会呢！我老爸可是诗人。"说完进了洗手间，在里面还大声冲我嚷："真正的诗人！前不久，咱爷俩还在背面什么大学搞了场诗歌朗诵会。"纽沃斯风风火火走了进来，紧张得像是只野地里的猫。这小子已经把自己搞得很兴奋，嘴里也不知嚷嚷着什么，脖子伸得老长，仿佛在找什么人，接着原地转了个圈，又窜到门外去了。几个每一个参加演出的人都感到了空气中流动的狂热，同样紧张的气氛，只有在普利茅斯的首场巡回演出才出现过。可那次大家是希望巡演能开个好兆头，而这一次则更接近于躁动不安。这场演出原打算请阿丽莎·富兰克林，可富兰克林在洛杉矶已有安排，实在脱不开身，开演前不久请来罗勃塔·弗莱克。就这样，弗莱克当了富兰克林的备胎，她本人倒没表示什么，不过也摆足了好莱坞大腕的派头，头上扎着艳丽的印花头巾，身上珠光宝气，在后台迈着雄赳赳气昂昂的步子，对身后的随从吼三喝四。在后来明显可以感到白人明星和黑人明星间关系有点紧张，这也是这次新英格兰巡演中首次遇到的新问题。

这也没什么火药味，只是感到两股截然不同的音乐文化并流却绝不合流，简直就是花了一张票的钱，看到了两场音乐会。两场毫无共同之处的音乐会。我忍不住一直在寻思，这场演唱会为一名黑人而开，为一名黑人服刑囚犯募款，组织都偏偏是个白人，却也得到了黑人的支持。越想越乱，其实早在迪伦之前，阿里就已经在争取力量援助卡特了，可也只有迪伦才能组织起这样一场音乐会。

观众开始三三两两地走来,渐渐填满原本空荡荡的场馆。罗娜是咱们这趟演出的老朋友了,之前在佛蒙特分了手,今晚也赶来了。罗娜一只靴子的鞋跟断了,一名警察正弯腰蹲在地上,用手枪枪柄猛砸,试图把鞋跟砸上去。有人拿出环氧树脂,也有人拿出强力胶棒,不一会儿罗娜身边围上了一群人,每人都贡献出臭皮匠的一分力量,可怎么也凑不出个诸葛亮。罗娜上场的时间越来越近,她人也越来越焦躁。想想看,她浑身上下打扮得花枝招展,可偏偏穿了一双一只有跟,一只没跟的靴子,在台上一瘸一拐地跳来跳去,那会是幅怎么样的情景!罗娜简直要歇斯底里大发作了。我主动跑到后台,看能不能从巡演团的姑娘们那儿借一双靴子。琼尼·米切尔只有一双,而且再过十分钟就要登台了,自然借不出。罗尼·布莱克利脚上穿了一双黑色高帮靴,英国货。罗尼提醒我,这可是她最钟爱的靴子,是为她那双小脚量身定做的,要我对着圣经起誓,当晚一定把靴子还来。接着我冲出化妆间,一手提着一只靴子,晃来晃去,感觉自己简直就是一名超现实电影中的十项全能运动员。罗娜一脚往一只靴筒里杵进去,满以为事情终于解决了,却发现脚刚刚到脚踝就卡住了,怎么也塞不进去。罗娜下定了决心,使劲捅着,摇着,皮靴发出几声低低的声音,肯定是线爆了。我可不敢叫她停,可最后想不停也不行,她那双美国大脚实在无福消受小巧精美的英国皮靴。罗娜叹了口气,想把脚拔出来,可她刚才实在是太用力了,这会靴子卡在脚上,怎么也拔不下来。还不如光脚上舞台呢!又轮到臭皮匠轮流上场了,一手抓住皮靴的跟,使劲拽,罗娜则坐在地上,抬起一只脚,双手反扣住栏杆,脸上的肌肉都变形了,不知道的还以为她就要临盆呢!警察们轮流上,连身上的蓝色夹克都甩下来,最后只听见靴子发出好大一声,不单外面的小牛皮绽了,整个衬里都脱了出来，挂在靴筒上。罗娜瘫坐在地上，张大口喘着粗气，我则一把抓起靴子，向化妆间冲去，脑子里已乱成一团糨糊。该怎么向罗尼解释她的靴子的悲惨遭遇？一面跑，我一面把脱出来的衬里往靴筒里塞，只希望奇迹出现，衬里会自己粘回去。化妆间里只有T骨一个人，我一进去就对我说罗尼决定穿网球鞋登台了。我呆呆地站在那儿，仿佛一个人在超市里手脚不干净被人捉个现行，最后找了个幽暗的角落，把靴子藏在一堆毛巾下面。还是晚点再解释吧！

　　大批观众入场，馆内气氛已大不相同，连空气的味道都不一样了。纽约真是块大实验场，这不明摆着吗？要想举世闻名，就来纽约，最好直接来花园馆。

　　乐队奏起《真爱难寻》，观众席立即如火山般爆发了，在三千五百名同类的欢呼声和嘶叫声中，滚雷终于登台。迪伦或许出生于明尼苏达，可纽约才是真正的家。近年来，各种政治和音乐评论家对迪伦的作品，还有他的个人生活颇有微词，可听听这里，三千五百名听众正用最大的声音狂吼："迪伦，你行。"该朋克摇滚上场了，这种音乐挥手间就彻底改变了美国青少年意识的面貌。同北面其他音乐家相比，朋克摇滚歌手喜欢更快的节奏，音乐听起来更为紧绷，不过，朗森颇为与众不同，他的音乐主要受到英国的狂飙音乐和大卫·鲍伊的影响，刚开始时气势恢宏，颇有点歌剧的味道。这趟巡演朗森一直憋着一股劲，这会儿终于彻底爆发出来了，如同一头巨鹰奋力展开硕大的双翅，向着稀薄的高空迎风怒进，扶摇直上。只见他把吉他背带缠在自己身上，仿佛耍蛇人身上缠了条五彩斑斓的巨蟒，一会原地转三圈，一会右胳膊转圈，右手斜向上挥进琴弦，浅金色的长发四处飞扬；不一会儿又伸直胳膊腿模仿

起僵尸步伐,按和弦的左手死死掐住吉他琴颈,仿佛手里掐的是仇敌的咽喉。可他一个音都没漏!不管他在台上怎么闹腾,主旋律交代得一清二楚,音乐中洋溢着才华,激荡着每个观众的心。主旋律渐渐融入背景乐曲,与其他乐手的演奏相得益彰,毫无违和感。纽沃斯紧张得简直要爆了,每唱一首歌,声音都裂了,好在有乐队帮他撑住,唱到后来就只能听见伴奏声了。这种事乐队成员早已司空见惯。琼尼·米切尔一登台,才不过走了两步,观众席就炸了,欢呼声简直要把馆顶抛开。从我坐的地方望去,琼尼娇小得不可思议,仿佛一个瘦弱的女孩站在硕大的宴会厅中央,向着周围满厅的宾客献上自己创作的歌曲。纽沃斯在每一场巡演介绍琼尼时,有一句话绝不可少:"欢迎光临宴会厅。"直到这一刻,我才真正体会到这句话的内涵。明星们轮流登场,接着就轮到阿里了。这场音乐会简直可以成为研究情感创伤的经典案例,很难相信心脏还能承受更多刺激了,可阿里无论出现在哪儿,都好像令人亢奋的一剂速效救心丸,今晚自然也不例外。观众渐渐安静下来,接着场馆上空回响起阿里那特有的随和平易的声音,现场有几千名观众,可每个人却感到阿里在对自己说话。"大伙儿知道吗,今晚有人叫我上这儿瞧几眼你,我还奇怪这叫鲍勃·迪伦的小子是谁。到了这儿,看到这么多人,自个掏腰包买票,我就知道这叫迪伦的小子肯定有两把刷子。可全场也只有我敢问,嘿,姑娘们。你们来就是为了看迪伦吗?"馆内立即爆发出雷鸣般的回答,"好吧,好吧,迪伦没我帅,实话实说,今晚,来了这么多人,尤其是为了帮助一个坐大牢的黑人,我实在太高兴了,因为无论肤色深浅,有没有门路,每个人都有得到保护的权利。"接着演出最激动人心的一刻就要上演了,阿里手下的一个助手捧着部电话快步跑到台上,有人用手遮住麦克风,

迪伦(贝兹)和迪伦

在阿里耳边低低耳语了几句。当然，一切早就安排好了，可阿里还是做出吃惊的样子，仿佛事先一点都不知情。只见阿里退后两步，一把接过助手手中的电话机，大声说："他们告诉我有个电话打进来。这个电话可不是一般，那头直通新泽西，得到了新泽西州长的特别批准。现在在电话那头是暴风鲁宾卡特，大家将听到的是卡特的声音。"阿里接通电话，话筒里传来卡特的声音，仿佛远在数千英里之外，通过海底电缆才传到这里。卡特仿佛被囚禁在遥远的地方，而非与纽约一河之隔的新泽西，不过听他的声音，觉得他人很清醒，说话也很流利。实际上，虽然现场只能够听到卡特的声音，却感到他要比馆中数千名有血有肉的观众来得更加实在，他的声音传递着这样一个事实：这里所有人自由自在，那头的他却深陷囹圄。"我在蹲大狱，可外面居然有那么多人聚到一起，就为了我这个囚徒，真是太了不起了。"卡特在电话中说道。阿里没忘了现场的观点，想缓解缓解气氛，于是说道："鲁宾，向我保证，出来后别跟我争冠军。"鲁宾还在继续，他面前可没有数千名观众，自然也不应管那么多。"说正经的，这会我正从新泽西州教养所的大牢里跟你打电话。"两人这样聊下去，观众们出奇地安静，尽管可能也盼望着迪伦早点上场。寂寥的声音从听筒中传出，鬼魂般飘荡在花园馆的每个角落，想象翩翩起舞，勾勒出一幅幅画面：一个人关在牢里，对着电话说话，电话那头上万人聆听着这个人的声音，这个人自己却根本看不到。电话打完了，可阿里的表演还没结束。"女士们，先生们，请允许我向你们介绍美利坚合众国下一任总统。"这是怎么回事？谁都没有准备，迪伦在后台正准备登场，可阿里这儿搞了个突然袭击。"大伙儿都知道，我这个人预言特准。再说了，要不是这个人把我截上他的私人飞机，我今晚压根就不可能出现在这儿。"观众席嘘声四起,阿里离场,他心中的"下一任总统"不知从哪儿冒出来,看上去像是霍怀德·休斯和纽约市长朴赛的混合体。这家伙想说些什么,可嘘声越来越大,居然想到到这儿来为竞选造梦,可真会挑地方!这位"美利坚合众国下任总统"总共说了不到三句话,就在一浪高过一浪的倒彩声中悻悻下了台。此时,观众们等迪伦已经等得不耐烦了,和往常一样,迪伦出现在台上,没有介绍,也没有主持,他突然出现在台上,开声就唱起来。迪伦这招总能让观众喜出望外,花园馆立即又轰动起来,迪伦摇摆着身躯,和纽沃斯合唱了《我的杰作》。怀斯的手鼓声把歌曲的4/4拍敲成了碎片,这小子右手的功力简直不可思议,总是压着歌曲的重音落下,接着就是一连串雨点般的碎鼓点,中间还夹杂铙声,令音色更清亮。观众通常不大会注意到鼓手,鼓手在舞台上不那么炫目,其他人尽可以抱着乐器上蹿下跳,好像周身上下有使不完的劲儿,可总不能要鼓手也这样吧。霍威安坐在台上,手脚随着音乐的节奏而动,仿佛驾驶着一辆1958年生产的英帕拉轿车,稳稳当当地行驶在高速公路上。

　　演出进行到一半,贝兹又耍起了她常用的把戏,只见她头上戴着金黄色假发,下身穿蓝色热裤,足蹬高跟鞋,冲到台上,12个保安一面捂着她的嘴,一面把她拖下台,贝兹则双腿猛踢,被捂住的嘴里发出呜呜叫声。过了一会儿,贝兹再度登台,这次她把自己打扮得和迪伦一模一样,有那么一会儿观众还以为又来了一个迪伦,直到贝兹开口一唱才露了馅。贝兹和迪伦的身高相近,脸上都抹着厚厚的粉,露出一对黑黝黝的眼眶,头上都戴着大宽边帽,身上都穿着黑色V领马甲,也不知道谁是真人,谁是幽灵。我脑海中倏然间出现许多形象:法国小丑、街头艺人、游吟诗人、伏都教巫师。观众的眼睛紧紧盯着舞台,一刻不离,有那么一会甚至连音乐也忘记了。舞台下边,一名警卫问我哪个才是真迪伦,我指给他看。"就是戴顶怪模怪样帽子的那个?刚刚还跟他说过话。"说完,这名警察用胳膊肘轻轻捅捅身边另一名警察,喊道,"知道吗?刚刚鲍勃·迪伦跟我说话了,我自己都不知道。"被捅的警察叫他小声点,听音乐。这会儿,连警察们都用手中的警棍轻轻打着拍子,聆听着台上的音乐,整个场馆仿佛一具有生命力的躯体,不停发出低沉的嗡鸣声。本以在北方遥远的缅因州,自己已同这种大型演唱会一刀两断,不想念今日又身陷其中。演唱会的魅力不可抵挡,谁都不行。

　　回到后台化妆间,只见迪伦急忙冲了进来,除去嘴上架口琴的架子,脸上的白粉被汗水冲成一条一条,双眼肿胀通红。"鲁宾无罪释放了,圣诞前就能出来。"除了迪伦,化妆间里就我一个人,也不知道说点什么,只是和迪伦四目相对视。真想对迪伦说点什么,可就是一个词也说不出。迪伦转过身,又向门外急冲而去。

花园馆

一根根墨西哥煎玉米卷排成一长条,足有五十英尺长,上面洒满各种墨西哥风味佐料。巨大的货运电梯上上下下,把一群群人吐到菲尔特演讲厅中。迪伦混迹于人群中,行动缓慢,身上穿的皮夹克让他看起来像是开飞机冒险刚刚回来的林德伯格。人群中只能看到迪伦头上的牛仔帽和插在帽子上不停颤动的羽毛,每隔一会也能看到一块红色皮革,下面一只肤色红润的手,抓紧头上的帽子。来了不少电影明星,有人站在过道里,把胃里的啤酒大口大口吐到地上。到处飘散着无节制的精力,简直能一把火烧起来。咱们几个人从人堆里挤了出来,逃进停在地下车库的旅行房车中。迪伦简直就是逃匿大师,还从未见过谁像他这样技艺高超,刚刚还不见踪影,突然就出现在房车的驾驶座上。从车里面看,要不是有驾驶室,真以为自己到了某个加利福尼亚的嬉皮聚会,车库里黑黢黢的,隐约可以看到驾驶座上冒出顶牛仔帽。车上挤了不少人,却鸦雀无声,我到车上的洗手间放了泡尿,然后把头探出窗外,想搞清楚车驶向何方。车后部有张又厚又软的床,床上坐了几个女子,个个花枝招展。房车行驶起来,窗外依旧一片黑,什么都看不到,车左摇右晃,有点像那种运土豆的铁皮车,所谓避震就是个笑话。真不敢相信,迪伦刚刚结束了一场整整四个小时的演唱会,这会儿居然还有力气开车。整晚演唱会不能说没有瑕疵,可就是阿里带来了那个想竞选总统的家伙,还有弗莱克在后台也创造了一场不大不小的骚动,花园馆演唱会毫无疑问依旧是滚雷巡演的巅峰时刻。车终于驶在路面,迪伦猛踩油门,加速到50英里上下,要知道这可是个大家伙,简直是幢装了四个轮子的房子。车窗上起了一层雾,可依旧隐约可见外面的城市夜景,时间和地点渐渐消融,只是感到车开到了闹市区,也不知道迪伦怎么找到的路,真是不可思议。迪伦猛踩下刹车,把车停在大马路当中,自己就下车走了,车里所有的人搭了趟顺风车,可现在不见了,迪伦也不见了,只剩下乘客还在车上。路面刺骨的凉,车内温暖如春,外面天寒地冻,简直让人想背上包直奔蒙大拿。大家热情未减,还想找些刺激,于是找了家见不得光的意大利餐厅,餐厅门口站了几个彪形大汉。进了餐厅,哥几个玩起了牌来,加利坐庄,只见加利用目光把眼前几个坏小子扫了个遍,每人兜里有多少货也就知道个八九不离十了,简直就像流水线的熟练工。没什么能瞒过加利的眼睛，要有人敢出千，他那双硬拳头就要向腹腰招呼上去了，担保印象无比深刻。我曾和加利打过一次拳，真后悔没叫他戴拳击手套，回顾一看，自己肋排骨上留下一团瘀痕，足有成年水母那么大。这家餐厅里好像只卖披萨饼和红酒，放音机里翻来覆去都是汉克·斯诺的歌，搞得我脑子里嗡嗡作响，不断重复着两个字——斯诺，斯诺。二楼也有几张桌子，灯光更暗，气氛有些暧昧。不知哪儿传来一些女人的叫声，朗森被两个珠光宝气的年轻女子推着，向洗手间走去。这就是人生！我下到一楼，也不知道心里什么滋味。这一夜，就是结束的标志吗？这么长时间大家挤在一起，旅行了这么远，过了今晚，一切都结束了吗？可心里又隐约感到，一切还没有结束。

鲁宾·卡特

获假释出狱

★★★★★★★★★★★★★★★★★★★★★★★

纽约州佩特森：九年前，前重量级拳击手鲁宾·卡特被判犯有谋杀罪，锒铛入狱，今天，卡特获释出狱，一同获假释的还有该案另一嫌犯约翰·阿米斯。

两人保释金共三万五千美元，其中卡特两万美元，阿米斯一万五千美元，由卡特—阿米斯全国辩护基金会全额资助。

重量级拳王穆罕默德·阿里全程出席了卡特和阿米斯的假释判决，阿里和两位歌星鲍勃·迪伦、琼·贝兹一起领导了解救卡特的民间运动。

——《旧金山观察家报》，1976.3.21

★★★★★★★★★★★★★★★★★★★★★★★

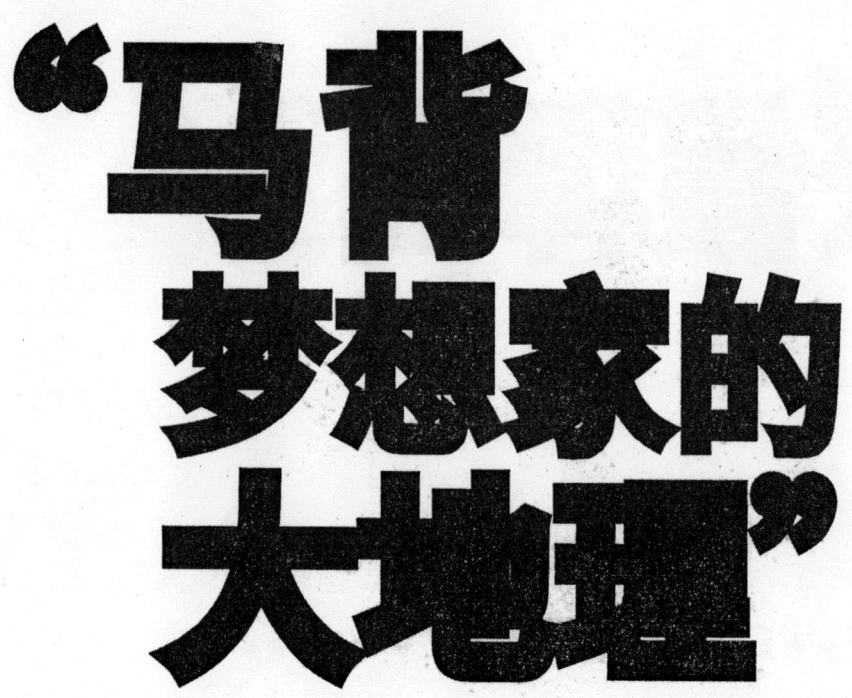

"马背梦想家的大地理"

今夜我有一部新戏剧在曼哈顿戏剧俱乐部首演,剧名叫《马背梦想家的大地理》。曼哈顿戏剧俱乐部是百老汇大街外的一家小剧场,一场只能坐大约九十名观众。迪伦和莎拉说想观看首演,于是我待在宾馆大堂,等待迪伦那辆卡迪拉克敞篷车出现,把我一起捎上剧场,结果,出现的是迪伦那辆巨大的房车,车停稳,迪伦跳下车,向宾馆大堂走来,我不禁感到胃部一阵抽搐。想到迪伦坐在剧场观众席中,这哪里是什么好事,简直就是一场噩梦。迪伦穿过旋转玻璃门,在大堂里四处溜达,东瞅瞅,西瞧瞧,无非都是宾馆里的标志牌,什么火警须知,客房服务早餐餐牌,电梯乘坐提示,诸如此类。迪伦在一处指示牌下看了很久,我冲出去拉了辆出租车,回来时他还在看。想到迪伦要去看演出就够闹心了，现在还没法乘一辆车，还有比这更闹心的吗？

到剧场才知道是媒体专场，这会儿剧评家们都聚在小酒吧里喝马提尼酒呢。太好了，观众全是剧评家，外加迪伦。真是好得不能再好了！每逢有新剧上演，那种世界末日的感觉总是如影相随，可今晚尤其强烈。我开始一杯又一杯灌白兰地，麻痹神经末梢。昔日认识的一个女孩向我走来，咱俩有六年没见了，一下子想起了许多过去的人和事。谁能相信，因为迪伦迟到，整个开幕时间都延迟了。迪伦终于出现，身边还有纽沃斯、坎普、莎拉、加利、沙米娜，几个人占了整整一排。演出开始，剧场里鸦雀无声，这可不是希腊悲剧，可望着在座各家报社的剧评家，谁知道他们的口味如何。整个观众席上一点声音也没有，只有台上演员的声音，真希望黑黢黢的观众席能热闹点儿，有点声音，有点反响。迪伦在座位上身子扭来扭去，倒像是有人把他蒙到这里来看这部戏，我站在剧场后部两排座椅间的过道中，四下一片漆黑，心里直想干脆来场地震吧，要不降个闷雷劈到屋顶，反正能让这场演出戛然而止就行。可什么也没有发生，四下里还是一片让人心痛的静默，倒不是我讨厌静默，只不过这种静默实在不对路。

我从观众席后面的门窜了出去，外面是间大厅，灯光昏暗，空空荡荡，正中央放着一部钢琴。隔着门还能听到演员们在台上的对白，仿佛一列破旧的货运列车，不知什么时候就走不动了。黑暗中我感到自己都揪成一团，"迪伦干吗要来看我这部戏，何况要看戏也可以看别的什么嘛，比如那种又唱又跳、热热闹闹的歌舞剧，又比如那种能让人捧腹大笑的幽默剧。"只觉得自己到了崩溃边缘，这时该剧导演雅克·列维迈着四方步向我走来，手指间夹着一根点着的大麻烟卷,那样子活像一头熊,嘴角边挂着伯尔特·兰凯特斯的招牌微笑。"现在知道痛了吧。"列维说道,我苦涩地把列维的话吞下肚,脑子里一阵出神,自己这是吃错了什么药,居然想去写这种东西。若事实就是如此,何苦自寻烦恼?何苦把那么多观众聚到这小小的剧场中,还要人家自己花钱买票,何苦来呢!可转念一想,不对,今天来的可都是职业剧评人,人家什么戏没看过?早已经见怪不怪了,只要不是火烧屁股,休想从这帮人脸上看出任何表示。虽然这样想,心里也没好受多少,于是我一个人站在原地,独自承受着痛苦。原本自己私下里写的东西,转眼间就公之于众,成了公共事件,暴露于众目睽睽之下再没有一丁点私密可言。当初在打字机上写剧本时可全无这种感觉。如今要面对的才是现实,而非自己的想象。

到了中场休息时间,我沿着楼梯向楼下的酒吧走去,只感到自己脑子里已经乱成一锅粥,从楼上到酒吧短短一段路,感觉走了不下四个钟头。到酒吧门口一看,里面已是人头攒动,都是趁中场休息下来喝一杯的观众,看到这么多人,顿时对酒吧的兴致也散了,掉头再向楼上走去。不知为什么,我一心以为迪伦肯定已经走了,到哪儿都见不到他的影子,他有什么道理还留在这里浪费自己的时间?上次迪伦去看品那罗的一部戏,那可是大名鼎鼎的品那罗啊!不也是看到一半就退场了!我这部戏又算什么?

观众们陆陆续续回席,下半场就要开始了。觉得自己陷入时间旋涡中,身边的张张脸上看不出任何表情,仿佛正在为又一个小时的煎熬而积蓄力量。这场面简直就像在观看脑神经切除实验的纪录片。看不到迪伦,哪儿也看不到他,迪伦肯定又施展了他的隐匿技术,直接消融在空气中了,不留一丝痕迹。我在心里安慰自己,对自己说:"这也挺好,先尝尝失败的苦头,没什么大不了的。"可就在这时,迪伦的身影从盥洗间冒了出来,只见他一把把盥洗间的弹簧门推开,立马让人想起电影《正午》中客厅那一幕。迪伦一手捏着一瓶烈酒,另一只手捏着几张便笺条,看来迪伦看戏时手也没闲着,一直在句句记着什么,可到底记了什么,只有天知道。不单迪伦手上有便笺条,外套上也有,每个口袋都有。看来哪张条放哪个口袋还有点说法,只见迪伦忙不迭把这张条往这个口袋里塞,那张条往那个口袋里塞,而不是一股脑统统塞进去。看到我站在那儿,迪伦停了一下,仿佛集中了下思想,然后冲我说:"嘿,山姆,剧里那家伙后来怎么样了?有没有逃走?"我沉吟片刻,不知该怎样回答,最后说:"所以才要看下半场嘛。"迪伦低下头,目光盯住楼下的地面,双膝微微颤动,还以为他要纵身一跃而下呢。

"对了,剧中那匹马为啥叫莎拉?"

"那是一条英格兰猎犬的名字,真正的英格兰猎犬,就是那种经常参加赛狗比赛的。"

迪伦微微一笑,拖着脚步走向自己的座位。我自己也不知道下面该做点什么了,出去逛大街肯定没心情,可也没胆量到观众席去承受下半场煎熬,最后还是去了外面放了台钢琴的大厅。

下半场,观众席依旧沉默,可更折磨人。我在外面大厅里磨了十分钟,最后还是回到场中,看着一排排的剧评人,其中有两位"大腕",分别来自两家主流媒体,这会儿已经半躺在座位上会周公去了。那些还没有打盹犯迷糊的两眼紧盯着舞台,仿佛眼前是一具透明模型,透过模型可以看到蚂蚁如何挖掘地道。这时舞台上一名胖医生,手里拿着一根夸张的注射器,要给剧中男主角打针,迪伦突然从后排站了起来,大喊:"停一下。"他在冲谁喊?舞台上的演员吗？"停一下。"迪伦接着喊道，"干吗给这人打针？该打针的是另外一个。给另外一个打针！"卢·坎普想要迪伦坐下来，座位上的剧评家们依旧睡意沉沉，隐隐飘来一两声鼾声。迪伦想挣脱出来，可坎普的胳膊像把打铁钳。死死卡住迪伦的脖子，纽沃斯低声对迪伦喝道："闭嘴，别出声！"舞台上，演员们若无其事地继续演出，终于到了最后高潮部分，颇有点萨姆·佩金帕电影的意思，舞台上枪声大作，血花飞溅，其实都是番茄酱。这时迪伦又跳起来，大喊："就这种货色吗？我大老远跑来就看这种货色吗？"坎普猛扯迪伦外衣下摆，扯得迪伦一趔趄，差点仰面倒在座位上。莎拉似乎对周围的一切毫不关心，坐姿看上去很高贵，很冷漠，目光直视前方。这会儿，加利、坎普、纽沃斯三个人想办法将迪伦按住，可迪伦像野猫一样疯狂挣扎。这结局，真是太完美了！观众席过一会儿也炸开了锅，那混乱一点也不比舞台逊色。枪在响，血在飘，迪伦在跳。"该给另一个打针！该给另一个打针！"我向观众席看去，刚刚还昏昏欲睡的剧评家们一下子都来了精神，抓起手边的圆珠笔，发狂般地在纸上写画着。戏结束了，迪伦一步跳到走道上，向出口冲去，身后的剧评家们一个个也不知说点什么才好。自己错过了什么吗？刚刚那个头戴牛仔帽，面蒙面罩，一身红色上装的人到底是何方神圣？这出闹剧是这部戏的一部分吗？这出戏结束了吗？

1975年深秋,"滚雷"巡演了整个新英格兰,山姆·夏普德受雇于鲍勃·迪伦,为计划中记录巡演过程的电影撰写剧本。《滚雷日志》中,夏普德记述了跟巡演团一起的日子,书中所有照片出自肯·雷根,巡演团的官方摄影师。

图书在版编目（CIP）数据

滚雷日志：鲍勃·迪伦的传奇巡演 /（美）山姆·夏普德著；杨建国译. —— 郑州：河南大学出版社，2018.1
ISBN 978-7-5649-2951-0

Ⅰ. ①滚… Ⅱ. ①山… ②杨… Ⅲ. ①鲍勃·迪伦–生平事迹 Ⅳ. ①K837.125.76

中国版本图书馆CIP数据核字(2017)第165874号

Sam Shepard
Rolling Thunder Logbook
Copyright © 1977, 2004 by Sam Shepard
Simplified Chinese translation copyright © 2018 by HNUP
This translation published by arrangement with Da Capo Press,
A Member of Perseus Books LLC
Through Bardon- Chinese Media Agency
All rights reserved

豫著许可备字–2017–A–0128

滚雷日志：鲍勃·迪伦的传奇巡演

著　　者	［美］山姆·夏普德
译　　者	杨建国
责任编辑	杨全强　王明娟
责任校对	萧　歌
书籍设计	周伟伟

出　　版	河南大学出版社
地　　址	郑州市郑东新区商务外环中华大厦2401号　邮编　450046
电　　话	0371—86059701（营销部）　网址　www.hupress.com
制　　作	南京千万次平面设计有限公司
印　　刷	北京汇瑞嘉合文化发展有限公司
版　　次	2018年1月第1版　　　印　次　2018年1月第1次印刷
开　　本	889mm×1230mm　1/32　印　张　6.75
字　　数	157千字
定　　价	78.00元

版权所有，侵权必究
（本书如有印装质量问题，请与河南大学出版社营销部联系调换）